幼儿教师课程
领导力提升实践

# 班本化课程

姚　健◎主编

华东师范大学出版社
·上海·

**图书在版编目(CIP)数据**

幼儿教师课程领导力提升实践：班本化课程/姚健主编.—上海：华东师范大学出版社，2019
ISBN 978-7-5675-9820-1

Ⅰ.①幼…　Ⅱ.①姚…　Ⅲ.①学前教育－课程－教学研究　Ⅳ.①G612

中国版本图书馆 CIP 数据核字(2019)第 228189 号

## 幼儿教师课程领导力提升实践：班本化课程

主　　编　姚　健
责任编辑　蒋　将
项目编辑　胡瑞颖
责任校对　邱红穗
装帧设计　卢晓红

出版发行　华东师范大学出版社
社　　址　上海市中山北路 3663 号　邮编 200062
网　　址　www.ecnupress.com.cn
电　　话　021－60821666　行政传真 021－62572105
客服电话　021－62865537　门市(邮购)电话 021－62869887
地　　址　上海市中山北路 3663 号华东师范大学校内先锋路口
网　　店　http://hdsdcbs.tmall.com

印 刷 者　上海华顿书刊印刷有限公司
开　　本　787 毫米×1092 毫米　1/16
印　　张　16.5
字　　数　233 千字
版　　次　2020 年 5 月第 1 版
印　　次　2023 年 4 月第 8 次
书　　号　ISBN 978-7-5675-9820-1
定　　价　48.00 元

出 版 人　王　焰

(如发现本版图书有印订质量问题，请寄回本社客服中心调换或电话 021－62865537 联系)

# 本书编委会

主　编　姚　健

编　委　蒋嬿晶　皇甫敏华　陈晓红　姜嫣菲

　　　　沈祎冰　王劲青　蔡春燕　张叶敏

　　　　苏　靓　马　飞　李　钦

# 序

　　自 20 世纪 90 年代以来,我国的课程改革越来越强调教师、学校等的多方参与。重新定位教师的课程角色,重视多方主体的联动"发声",强调"以学生发展为本",成为课程改革的发展趋势。作为上海市"二期课改"试点园,冰厂田幼儿园在姚健园长及其团队的共同努力下,已经具备了较为完善的园本课程方案和丰富的课程资源。但现有方案和资源在增加教师工作便捷性的同时,也限制了教师的发展。由于过分依赖固有资源从而忽视对班级生态、幼儿以及课程本身的关注,使得园本课程发展固步自封,教师课程领导力无从谈起,这日益成为其现实发展中的两大弊病。因此,第二轮"班本化课程建构中提升教师课程领导力"的行动研究应运而生,聚焦"班本化课程建构",以园本课程完善和教师课程领导力的发展为两大抓手,这是真正促进有效课程改革和提升教师课程领导力,从而真正为幼儿提供发展适宜性课程的先锋之举。

　　本书从理念觉醒到实践反思,提出了班本化课程建构中教师课程领导力发展的四个阶段,包括"课程意识决策力""课程生成设计力""课程实施执行力""课程反思评价力",融合共生,环环相扣。基于意识唤醒,增强课程敏感度,提升决策效力;以幼儿为本,重视幼儿参与,生成与设计课程;广纳资源,合作共赢,提升教师实践机智;多方参评,以评促改,完善反思评价机制。之后,延伸至教研及管理机制的变革,夯实本书的理论根基。最后,通过异彩纷呈的案例折射出全书的思想光辉,所读之处,皆具理论之思辨,也含实践之机智。

　　纵览全书,特色之处如下:

　　(1) 理念先进。"一日生活皆课程""孩子在心,课程随行"的"幼儿为本"课程理念;"育人为本""实践取向""终身学习"的教师教育理念;从"赋权"到"支持"的幼儿园课程管理理念的革新;"基于共同愿景,以教师需求为中心"的教研模式理念。

（2）特色鲜明。通过"德尔菲专家访谈法"，结合园所自身的实际情况创造性地提出了教师课程领导力的四个方面。在阐述班本化课程实践提升教师课程领导力方面，创造性地提出归属感、权利感和成就感等"意识"激发的重大作用。采取从"点"到"面"的班本化活动建构实践的探索路径，实施从"下"到"上"的教师课程领导力经验提升路径的变革。

（3）内容充实。本书虽是基于实践经验总结，但却满载理论思辨的光辉，每章节独立成篇，案例丰富，各有侧重，图文并茂，简繁得当，逻辑清晰，观点所到之处深入浅出，引人遐思。

值此该研究成果成稿之际，欣然为之作序。我由衷地欣赏姚健园长及其团队踏实严谨、不懈求索的研究态度，更为感动于他们执着追求、尽心尽责的专业热忱，希望此书能为广大学前教育研究者、一线教师、学前教育行政人员等提供有关园本课程改革和教师领导力等方面新的思考，共同推进我国学前教育事业的发展，促进学前教育质量的提升。

姜　勇

华东师范大学教育学部

# 目 录
Contents

**绪论　孩子在心，课程随行**
——班本化课程建构中的提升教师课程领导力
的实践研究　　1

**第一章　改变，从理念开始**
——班本化课程建构中教师课程意识决策力的提升　17

敏锐课程意识，果断决策　19

在"理解"中"对话"
——浅谈教师在班本化课程中接纳幼儿的差异　25

谋定而后动
——班本化课程实施背景下班级计划的新思考　31

善读、善思、善用
——园本课程班本化实施中对"教参"的运用　37

做有准备的课程领导者　42

知行合一
——新手型教师课程意识与课程行为之间的有效
转化　48

发现幼儿生活，构建生活中的课程
——以素材点"蛋"为例　54

**第二章　为幼儿时刻准备着**
——班本化课程建构中教师课程生成设计力的提升　61

着眼幼儿、架构课程　63

班本化课程环境创设中的幼儿参与　68

从"野外生存"谈如何推进大班角色游戏开展　74

**第三章　行动中的智慧**
——班本化课程建构中教师课程实施执行力的提升　79

博观约取，"步步精心"
——班本课程中家长资源开发利用的探究　81

保持兴趣、持续探究
——提升幼儿园教师课程实施执行力的实践研究　87

三位一体，合力前行
——班本化课程实施中教师合作理念转变的思考　94

立体开发，灵活选用
——论课程实施中教师对资源的开发与利用　100

发挥教师个人意志力，有效实施班本化课程　106

**第四章　深思后的再出发**
——班本化课程建构中教师课程反思评价力的提升　113

班本化课程建构中家长参与课程评价的有效途径　115

从被动走向主动
——幼儿参与幼儿园课程评价的实施途径　119

每每想起　篇篇精彩
——新媒体软件技术在儿童观察评价中的运用　124

浅谈已有评价工具在班本化课程中的使用　128

在班本化课程中搜集评价信息的实践探究　133

**第五章　始终与伙伴同行**
——班本化课程建构中的教研变革　139

发现班本化课程中的"完美"与"不完美"
——以教师课程需求为中心的教研　141

基于课程愿景打造课程领导共同体
——浅谈 PDCA 科学思维方式在教研中的使用　147

让年轻教师"力所能及"
——以教研联动为抓手，关注教师最近发展区　153

团队引领，推动教师领导力的发展　157

以教研促课程理念落实之三部曲　161

从"事倍功半"到"说走就走"
——分层教研组中网络教研形式的开展　167

**第六章　"赋权"背后的思考**
——班本化课程建构中管理机制的变革　171

做有课程领导底气的园长　173

从"管理"走向"治理"的幼儿园课程机制建设　177

风险与成长
　　——班本化课程背景下的教师课程"赋权"　183

赋权，赋予课程管理者多重角色　188

班本化课程的实施，从管理者走向同行者　193


## 第七章　一花一世界
　　——班本化课程建构的案例列举　199

蛋壳里的生命　201

变废为宝　212

如果我是一本书　227

## 参考文献　243

## 附录 1：《教师课程领导力评价指标》　245

## 附录 2：《班本化课程实践指引》（冰厂田幼儿园制）　250

## 绪论

# 孩子在心，课程随行
#### ——班本化课程建构中的提升教师课程领导力的实践研究

### 一、当时之境——直面现状与问题

#### （一）园本课程建设与发展的现状与问题

冰厂田幼儿园从 2000 年开始探索"二期课改"背景下的主题课程，通过多年积累形成了完整的园本课程实施方案以及内容丰富的课程资源库，这在很大程度上保证了我园的课程实施质量。然而，由于多年来园本课程方案和课程资源库过于注重内容的不断累加以及教师课程实践的规范，导致园本课程方案和课程资源库不断趋于固化。园本课程方案作为教师课程实施的指南，虽然写着"孩子在心，课程随行"的课程理念，但却没有形成与之相呼应的目标体系、内容架构和实践机制，使理念在课程方案中变成了一句"空谈"。

#### （二）教师课程实施的现状与问题

在一次园本课程实施情况的调研中，我们发现老师们花在课程计划上的思考实践非常有限。甚至在现实情况中，还发现部分老师只用 10 至 20 分钟的复制粘贴就可以完成一周的课程计划，然后搭班分工，"依样画瓢"。随着时间的推移，教师对课程资源库的依赖性越来越大，一旦舒适区形成，教师课程主题意识便逐渐弱化，教师也失去了课程创新的激情和动力。

#### （三）项目研究的现状与问题

2010 年，冰厂田幼儿园加入"上海市提升中小幼课程领导力"项目，不但率先提出了"教师课程领导力"的概念，并通过制定《教师课程领导力发展要领》做了具体诠释，使教师开始对课程领导力有了初步的理解，但从教师们实践案例中可以发现，这种尝试多限于个别活动，教师对课程领导力真正内涵的理解还比较模糊。教师课程领导力与课程的脱节是这个现象背后的主要问题，而找到这个课程的落点正是这一问题解决的关键。

### （四）对班本化课程的聚焦

第一轮研究中，我们确立了"孩子在心，课程随行"的课程理念。说到"孩子"，没有比自己班级中朝夕相处的孩子们更鲜活的，说到课程，没有比自己班级的课程活动更熟悉的，所以"孩子在心，课程随行"的理念对老师们来说就是对班级中每一个孩子的了解，对班级实施的每一个课程活动的用心。虞永平教授曾经说过："班级是课程实施的现实基地，班级是幼儿一日生活的真实所在，没有班级，幼儿园课程将空无所依。"因此，在第二轮教师课程领导力项目研究中，我们将研究视角聚焦到了每位教师课程实践的主阵地——"班级"，从必选项目"班本化课程建构中园本课程方案完善的实践研究"、自选项目"班本化课程建构中提升教师课程领导力的实践研究"为载体让教师课程领导力真正与课程实践融合，让幼儿园课程方案焕发新的生机。

## 二、顶层之思——厘清概念与关系

### （一）界定核心概念

#### 1. 班本化课程

本研究中的班本化课程是指，教师以班级为本进行课程实施和开发，根据班级幼儿的已有经验和共同兴趣，充分运用班级的各种课程资源，在教师与幼儿及各种资源的互动中，运用自己的教育理念、知识储备以及教学智慧，和幼儿共同建构课程、探索学习的动态过程。

#### 2. 教师课程领导力

本研究中的教师课程领导力是指教师将自己作为班级课程的主体，将课程愿景转化为现实的课程实施，以创造性的课程设计、主动的课程实践影响幼儿、家长与学校的能力，根据德尔菲专家访谈研究，确立教师课程领导力包含课程意识决策力、课程生成设计力、课程实施执行力、课程反思评价力四个部分。

### （二）确立研究目标

以班本化课程为实践载体，探究教师课程领导力提升途径与策略，帮助教师在课程实践获得积极课程体验，从而激发教师课程主体意识，在主动自觉地课程实践中提升课程领导力。

### （三）设计行动路径

基于本项目的研究目标和内容，我园拟定了"三线行动，协同研究"的行动研究路径。三线包括：教师班本化课程实践、课程管理团队"赋权"实践以及项目研究团队。三线之间的关系可以用一个齿轮图（如图0-1）来呈现：三线在各自形成一个从实践到反思再到实践不断循环的行动研究路径的同时，也在行动中相互影响，相互推动，形成共性经验。

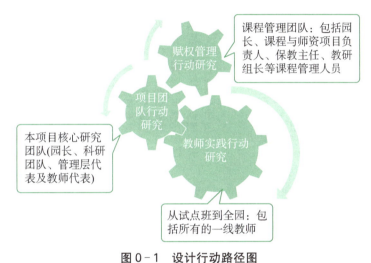

课程管理团队：包括园长、课程与师资项目负责人、保教主任、教研组长等课程管理人员

赋权管理行动研究

项目团队行动研究

本项目核心研究团队(园长、科研团队、管理层代表及教师代表)

教师实践行动研究

从试点班到全园：包括所有的一线教师

**图0-1　设计行动路径图**

### 三、实践之道——梳理经验与机制

### （一）因班施教，五思而行——班本化课程实践中教师提升自身课程领导力的途径

#### 1. 班本化课程实践中的教师"五思"

在研究过程中我们发现，在班本化课程实践背景下，当教师真正成为自己班级课程的主体，即使班级课程内容和实施方式千差万别，但有一点却是共性的，就是教师自身对于课程思考的角度、广度、深度往往在很大程度上决定着班本化课程实践质量。结合对教师案例和访谈资料的梳理以及对总项目组中"教师课程领导力评价指标"的研究，我们将这些关键思考归纳为五个角度：**幼儿、教师、课程价值、资源以及团队**（如表0-1所示）。但在课程实施不同阶段，指

表0-1 班本化课程实践中的教师"五思"汇总表

| | 意识决策力 | 生成设计力 | 实施执行力 | 反思评价力 |
|---|---|---|---|---|
| 幼儿 | 我们班级的幼儿是一群怎样的幼儿？他们有怎样的发展优势与不足？他们有怎样的共同点和差异？他们现在正处在什么样的发展阶段？他们的发展目标是什么？ | 我们班的幼儿最近感兴趣的是什么？有多少人感兴趣？他们为什么对这个话题感兴趣？他们有哪些讨论和问题？他们有哪些前期经验？ | 班级的幼儿是否都积极投入到探索过程中？他们的探究兴趣是否还在持续？他们在过程中有什么新的想法和问题？ | 我们班的孩子获得了什么发展？通过哪些途径可以获得证明他们的发展？这些发展中有多少与他们的情感态度、学习品质等核心素养发展有关？他们的发展中有什么缺失？什么原因造成了这种缺失？ |
| 教师 | 我是一名怎样的老师？我的专业优势与不足在哪里？我在课程实践中扮演什么角色？我对自身发展和幼儿发展怎样持有什么样的期待？ | 我对孩子们感兴趣的事物有多少了解？我对孩子们相关的观察和记录是否足够充分？我是否了解过孩子们的经验和问题？ | 可以做什么来提升我专业知识和能力以便支持和孩子们进行持续探究？我正在或者将要可能面临的困难是否与我自身有关？我克服这些困难对我会带来哪些支持和帮助？我可以从哪些渠道获得哪些支持和帮助？ | 我获得了什么成长？通过哪些途径可以证明我的成长？这些成长对我今后的课程实践有什么影响？我还有什么遗憾或不足？什么原因造成的？后续的课程实践我会怎样进行弥补？ |
| 课程价值 | 幼儿园课程是什么？一日课程各个环节的意义是什么？我对幼儿园本课程是怎样的课程期望是什么？ | 孩子们感兴趣的事物对孩子的未来发展有什么意义？它有没有让孩子们持续探索的价值？它能不能被设计成为一个或者一系列的课程活动？它可以和一日活动中的哪些环节进行融合？ | 各类课程活动实施是否围绕目标？实施中是否给予了每个孩子充分发挥的自我体验、探索空间和实施中所表现的困难给课程的持续进行带来了什么影响？ | 课程实施的方式是否适宜？每一种活动类型是否充分发挥了他们的价值？与课程期望和课程目标的契合度如何？对于课程我有什么新的思考？ |

续 表

| | 意识决策力 | 生成设计力 | 实施执行力 | 反思评价力 |
|---|---|---|---|---|
| 资源 | 我的班级拥有怎样的家长资源？我们所在的学校、社区、城市等有没有可为课程提供服务的优质资源？我应该怎么样有效地运用这些资源？ | 和这个内容有关我们的班级资源、学校资源和社会资源有哪些？这些资源可不可以被利用？这些资源可不可以进一步地开发？这些资源怎样和课程活动有机融合？ | 各类课程资源是否已经被充分有效地运用？资源利用过程中产生了什么样的问题，原因是什么？还有什么新的可利用的资源可以满足孩子们新的探索需要或是帮助解决课程实施中的各类问题？ | 各类课程资源的实际运用效果如何？运用课程资源的过程中我有什么收获？哪些资源可以再次利用？ |
| 团队 | 我们的班级拥有一支怎样的团队？我们是否能对课程的开展、幼儿的发展保持比较一致的意见以及我们是否能在意见不一致时候通过沟通达成一致？ | 我的团队是否能够就这个课程设想达成一致？团队在对于开展这个课程活动的优势与不足是什么？可以通过什么方式来发挥优势弥补不足？ | 在课程实施过程中班级团队的各个成员都发挥了怎样的作用？面临实施中的问题时团队是否愿意共同面对并就怎样解决问题达成一致？ | 班级团队是否都参与到了课程反思和评价中来？大家的意见有什么异同？团队对未来课程实践有什么样的思考和期望？ |

向课程领导力的各个方面,从这五个思考角度出发也有不同的侧重。

（1）指向课程意识决策力的教师"五思"

课程意识决策力中的关键要素是教师的课程意识以及基于课程意识为班级为幼儿的发展做出适宜课程的价值判断能力。指向教师课程意识决策力的"五思"是教师对班级整体情况和未来发展所作的系统性思考,它反映的不是一时的想法,是教师对班级生态的整体把握以及幼儿发展、课程价值等形成的稳定思想。

（2）指向课程生成设计力的教师"五思"

教师课程生成设计力的核心要素是教师对于班级课程生成的关注意识以及将其设计成具体的课程活动的能力。每个班级每一时刻都在经历不同的情境,即使一个教师的课程预设再周全,都不能覆盖每个班级的生活。而这些不同,正是班本化课程的生成来源。指向课程生成设计力的教师"五思"强调教师通过系统思考从丰富多彩的生活中找到有价值的生成点,并将其设计成切实可行,有趣有意义的各类活动。

（3）指向课程实施执行力的教师"五思"

教师课程实施执行的过程是教师的课程设想真正转化为实践的过程,同时课程实施执行力的核心要素是教师为了更好地达成目标以及高质量地完成课程活动而表现出的主动意识和专业能力。通过"五思",教师能够从各种角度寻找课程实施的适宜方式,并在遇到各类问题时能够主动寻求各种途径或资源来支持课程的实施。

（4）指向课程反思评价力的教师"五思"

课程反思评价的核心在于两个方面:一是教师在课程实施过程中和完成后自觉地进行反思评价的意识和行动;二是教师运用反思和评价的结果来引发或改进新的班本化课程实施。"五思"帮助教师更全面地回顾自身课程实践历程,使自己的反思评价更具有针对性、客观性。

### 2. 班本化课程实施的行动路径

（1）班本化课程实践总路径

在班本化课程实践中,每一位教师都获得了课程行动的主权,他们的行动内容和方式虽各不相同，但在实践中仍然可以归纳总结出具有共性特点的行动路径。具体见下图0-2。

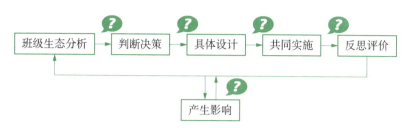

图0-2 班本化课程实践总路径示意图

在这个总体行动路径中，从班级生态分析到课程反思评价形成一个课程实践研究的回路。问号部分即指教师的课程"五思"，教师需要通过思考审视自己的每个行动步骤，并作出持续的优化调整。

班级生态分析是教师所有课程行动的基础。班级生态分析指对班级中的一切人、事、物及其相互关系的了解以及对其中产生优势、需求、问题等进行的全面分析，强调教师不孤立地看待幼儿、家长以及环境等各类班级要素，而是将它们放在一个完整的生态系统里去了解。

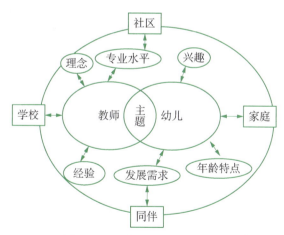

图0-3 班级生态分析示意图

如图0-3所示，这里还需重点强调的是"产生影响"，班本化课程实践并非自顾自的课程研究，每一个班本化课程的行动都是对学校整体课程文化形成的助力。教师应该在自身的课程行动中总是关注对同伴、对学校、对园本课程的影响作用。当然,这种影响作用的产生是相互的,教师在影响他人的同时也在受到他人的影响,因此形成良性的班本化课程发展循环。

(2)班本化课程实践中的具体行动

那么这个行动路径应该怎样具体运用到教师的课程实践中去呢?我们将以上总路径在具体课程实践中的落实分成三个部分:首先,从宏观层面来说,教师需要关注每个学期班级课程整体实施;其次,幼儿园以主题探索为基本课程形式,因此教师需要对每个具体主题实施过程进行思考;最后,从微观角度而言,教师则需要对每个具体活动的实施进行更细节的思考。

表0-2 学期课程行动表

| 学期课程行动 | 行 动 列 举 |
| --- | --- |
| 班级分析 | 调查分析班级整体情况(幼儿、家长、教师自身) |
| 判断决策 | 比对发展目标判断幼儿发展优势与不足,并能准确找到原因 |
| 具体设计 | 制定立足于本班实际情况的班级课程计划,确立课程实施要点 |
| 共同实施 | 在学期整体课程实施中始终关注"实施要点"的落实 |
| 反思评价 | 对课程计划的落实情况进行反思,评价落实情况并记录 |
| 产生影响 | 通过家长会、网络等平台与家长沟通交流学期课程计划、小结与同伴交流,并在团队建议下对课程计划进行优化修改 |

表0-3 主题课程行动表

| 主题课程行动 | 行 动 列 举 |
| --- | --- |
| 班级分析 | 通过观察、调查、对话等方式了解幼儿前期经验与相关问题<br>了解分析与主题相关教师自身知识能力等要素、可利用的课程资源等 |
| 判断决策 | 对主题课程开展的价值及不足做出判断,决定是否开展以及怎样开展 |
| 具体设计 | 制定具体的主题课程实施计划,架构实施脉络,为生成适当"留白" |
| 共同实施 | 努力运用各种资源、寻求各类支持、提升自身能力来保证课程实施的质量;始终关注幼儿探索、关注动态生成、关注资源利用,调整优化实施方式 |

| 主题课程行动 | 行　动　列　举 |
| --- | --- |
| 反思评价 | 反思主题实施过程的经验和问题,通过各种途径收集信息评价幼儿,教师等发展 |
| 产生影响 | 在实施过程中保持与家长紧密沟通合作,引导家长有效参与课程;通过教研等平台分享主题实施经验与问题,寻求团队支持同时为他人课程实施提供经验参考 |

表 0-4　活动课程行动表

| 活动课程行动 | 行　动　列　举 |
| --- | --- |
| 班级分析 | 了解班级幼儿的发展需要和已有经验,分析活动内容对本班幼儿的适宜度,如兴趣、生活经验、发展优势和需求等 |
| 判断决策 | 对活动内容是否适宜在班级中开展做出判断,决定采用,取消或是调整后采用以及以什么形式开展最为适宜 |
| 具体设计 | 基于本班需求设计具体的活动方案,关注目标,内容,流程以及活动中各类细节班级情况的匹配 |
| 共同实施 | 开展活动,努力通过各种方式如积极互动,运用资源等保证活动实施的质量并能持续激发幼儿的探索欲望 |
| 反思评价 | 回顾反思活动过程,从幼儿,同伴,自身感受等多角度获得反馈信息提出活动优化调整方案 |
| 产生影响 | 通过各类平台展示活动,分享问题与经验 |

　　共同行动路径的确立能够让教师不再割裂地思考班本化课程的实施,解决了只关注具体活动不关注整体架构,或者只关注宏观计划不关注具体落实问题。

**(二) 基于"五思而行"完善课程方案**

　　虽然班本化课程实践促进了教师更主动更全面的课程思考和行动,但在实践中仍然存在着一些问题:(1)教师在实施班本化课程时的思考和行动也远优于日常对园本课程的实践;(2)并非所有教师在班本化课程实践中都能做到"思而行",而能做到的老师也不一定能全面关注"五思"。而要解决这一问题,最重要的就是让"五思而行"成为全体教师一切课程实践的思维和行动方式,也就是说,教师只要在实施课程,就会自觉地对课程中的各个要素进行思考,并在此基础上开展行动,因此,幼儿园课程的实施方案的变革成为必然。

### 1. 幼儿发展目标的细化

教师的一切课程实践说到底是为了幼儿发展,"五思而行"的最终价值终究体现在幼儿的发展上。因此,教师必须对幼儿园课程理念下所追求的幼儿发展核心目标了然于胸,才能保证自己"思有向,行有质"。我们将幼儿发展目标分为"核心品质目标"和"领域经验目标"两类,以品质目标为根本目标,引导教师在"思"的过程中始终以对幼儿各类品质的发展价值为基本判断依据;以"领域经验目标"为具体实践指南,引导教师在"行"的过程中始终关注每一个具体的课程活动是否有效地为目标服务。

### 2. 课程内容选择的适宜

课程内容选择是教师课程实践的第一步,在过去的课程实施方案中,我们更多的关注内容的丰富性,即"我们有什么",而在班本化课程背景下,我们更要基于教师的是"我们怎么选",因此在课程方案中增加了课程内容选择的关注点,帮助教师能够在面对丰富的课程内容和资源时,能做出适宜的价值判断及合理的选择。

### 3. 课程实施方式的确立

课程实施方式的确立是此次的课程方案完善中最大的变化。我们将班本化作为我园园本课程实施的基本方式加以确立。也就是说园本课程和班本化课程不再是割裂的两部分,班本化是冰厂田幼儿园本课程实施落脚点,它所关注的不是一个个具体的课程内容,而是教师在课程实践中思维和行动方式的变革。

## (三)赋权增能,激发内驱——班本化课程实践中幼儿园提升教师课程领导力的策略

### 1. 激发内驱:从积极的课程体验和自觉的专业追求开始

在教师和访谈中,我们发现一个十分有趣的现象,那就是教师在分享自己的班本化课程中自己的所思所想以及各种课程经历的过程中总是包含激情,同时在实施班本化课程中对自身各类专业学习的积极性显著提高,不仅是自己的教育教学能力,只要是课程中需要的,教师就会自觉地投入大量的精力去学习研究,而这种象背后隐藏的正是教师课程领导内驱力的激发。

通过梳理,我们将教师这种内驱力的来源总结为以下五点:获得课程权利、认同课程理念、取得及时支持、拥有分享平台、赢得积极反馈,而这也成为了班本化课程管理机制形成的关键要素。

### 2. 具体策略

(1) 课程权利的获得——幼儿园课程赋权理念与实践的探索

首先,我们提出了在不违背上海市课程实施规程的前提下,以幼儿发展为本为基本原则,明确教师在课程实践中享有充分的自主权,包括课程的决策权、设计权、实施权和评价权。在对课程"赋权"的行动研究过程中,我们经历了以下三个阶段:

第一阶段:开放性赋权,"让教师敢做"。这一阶段的赋权主要是针对先行先试的 12 个试点班,由于当时试点班教师对班本化课程实践仍然存在着许多顾虑,开放式赋权很好地激发了试点班教师的实践热情。

第二阶段:支持性赋权,"让教师做好"。"支持性赋权"开始强调课程管理者以"保障课程实践的质量"为目标采取主动行动,它包括物质的支持,如各类资源的协调,材料的提供等;也包括心理的支持,如对教师课程实践的及时肯定与鼓励等。

第三阶段:发展性赋权,"让教师有发展"。要求管理者不仅在物质、心理等层面基于教师支持,更需要以促进教师课程领导力发展为目标采取主动行动。如平等参与到教师的班本化课程实践中,与教师就班本化课程实施中具体问题展开积极对话,给予专业的建议,参与评价,为教师未来更好地实施班本化课程打下基础。

(2) 课程理念的广泛认同——幼儿园课程理念的阐释和"落地"

"孩子在心,课程随行"用十分简洁的表述阐明了我园的课程理念,教师对理念的认同首先体现在"共知",即全园每一位教师都知道学校课程理念并理解它的涵义;"共识"即全园每一位教师都能始终以这个理念为一切课程行动的指南;"共践"即每位教师都能通过自身实践不断深化"孩子在心,课程随行"的内涵,并通过各种平台的分享使更多的教师能够达到新的"共知、共识和共践",以此形成良性循环从而推动学校课程文化的形成。

（3）专业支持的获得——"软硬结合"探索教师课程实践支持机制

① 针对教师的普遍性问题的"硬"支持机制

当课程回归班级，科学地做出价值判断对各个发展阶段的老师们来说都带来不同程度的压力和挑战。针对这个共性问题，学校制定了一系列面向全体教师的"硬"支持机制：

● 编制《班本化课程实践指引》系列

教师《班本化课程实践指引》（详见附录2）是基于几十个实践案例和教师访谈资料梳理而成，其中罗列了班本化课程实施过程中从内容选择到课程架构实施到课程评价等各个重要环节的核心要素及其价值判断依据，旨在通过对教师时时能够对班本化课程进行自检与分析，从而及时调整和完善班本化课程实施。以幼儿发展部分（表0-5）为例梳理了指向幼儿发展的五个基本价值取向，即"问题生成"、"共同兴趣"、"基本经验"、"探索机会"、"学习品质"，帮助教师更好地对班本化课程内容的幼儿发展价值进行判断。

表0-5 班本化课程实践指引（节选）

| | 核心要素 | 价 值 判 断 | |
|---|---|---|---|
| 幼儿 | 问题生成 | 课程内容来源于我们班幼儿的真实问题，具有深入探索的价值。 | □符合 □说不清 □不符合 |
| | 共同兴趣 | 课程内容符合我们班大部分孩子的共同兴趣，他们表现出继续探索的愿望。 | □符合 □说不清 □不符合 |
| | 基本经验 | 我们了解幼儿所需要的基本经验，并能在课程活动中落实的这些经验，为他们的经验提升创造机会。 | □符合 □说不清 □不符合 |
| | 探索机会 | 课程活动中我们可以提供足够的空间、时间、材料，让每个孩子都有自主的探索的机会。 | □符合 □说不清 □不符合 |
| | 学习品质 | 幼儿可以在课程活动中发展包括好奇心、主动性、坚持性、创造性、问题发现和解决在内的多种学习品质。 | □符合 □说不清 □不符合 |

● 与专家共话课程领导力——班本化课程实施专项培训

我们依托总项目组的支持建立了"专家引领，教师共研"的专项培训机制。我们改变了传统上专家一来必讲座传统模式，而是通过教师与专家坐在一起共同研讨的方式,鼓励老师跟专家分享实践案例,主动提出自己的问题,并针对性地帮助教师逐步明晰实践研究中的各类问题,寻找解决策略,积累研究经验。

② 针对教师个性化问题的"软"支持机制

班本化课程背景下,每个班级在课程实践中的个性化问题更加凸显,因此学校建立了由保教主任、教研组长及骨干教师组成的核心管理组,除常规工作外,更重要的角色是协助教师们尤其是青年教师们解决班本化课程实践中遇到的瓶颈问题和困难;利用自己的经验和专业知识帮助教师共同完善班本化课程;在实践资料和素材的收集、整理上按需提供各类资源等。

(4)在分享中成长——幼儿园课程经验的分享平台建设

① 班本化课程背景下的教研组建设

班本化课程背景下,当每个班级都在开发与实践自己的课程的时候,给传统的教研组活动带来了新的问题:当每个班级都在开展不同的课程,怎样的教研才能引起大家的共鸣?

一方面,因为班本化课程的发言权回归了每班教师自己,让所有教师即便是新老师都有了展示自己班级课程的机会。民主和平等成为班本化课程背景下教研组活动最凸显的关键词,虽然各班的课程内容和形式不尽相同,但教研的参与程度和研讨质量反而有了很大程度的提升。

另一方面,每一位组长必须在充分了解每个班级的课程内容以及实践中的各种问题和需要的基础上,才能找到能够引起大家共鸣的教研话题和教研形式。因此,从班本化课程实施以来,"调研"成了每位教研组长的自发行动,而这种立足实际、基于证据的教研不但提升了教研组长的教研管理能力,另一方面使教研话题真正地落到了实处,使每位教师获得共同的成长。

② 班本化课程建设的专项展示活动

在项目研究每一次有了阶段性的成果,我们就会开展一次面向全园的专项展示活动,教师的班本化课程故事通常是展示活动的主角,而这些故事在项目研究中可以说都发挥了里程碑式的意义。例如,在第一批 12 个实验班进行了实践尝试之后的专项展示活动上,实验班教师的展示一下子激发了全园教师对班本化课程实践和研究的兴趣,激发了每位老师心中对理想课程的向往,使班本化课程的研究实践从实验班尝试到全园参与的过程水到渠成。

与传统的教学展示活动不同,班本化课程展示活动的核心价值在于通过教师在课程背后的思考以及教师个人的课程体验来影响整个团队,这种影响力的作用不是让教师都去尝试相同的课程内容和模式,而是激发教师主动实践自己的班本化课程的热情,并能从同伴的思维过程中获得启示。

③ 课程资源库的改革

班本化课程的实践研究中,我们积累了许多十分优秀的班本化课程实践的案例。在拓展园本课程资源库的时候,我们不再只罗列方案,更将其背后教师的每一步决策、设计和实施背后的经验与思考,以及教师在活动中进行的相关知识储备、可利用的资源线索、参考的文献资料,使资源库从一个罗列方案的资料包逐渐转变为一个经验与智慧共享的平台,也使教师从方案的搬运者逐渐转变成课程经验与智慧的学习和思考者。

同时在资源库使用机制上,我们也结合教师课程领导力提建立了一套教师在课程资源库运用中的循环进行的基本"程序",即了解、决策、实施、生成、评价、分享。也就是说,每位教师在课程资源库运用的过程中都必须遵循这套程序,并在日常的课程研讨和课程计划中去落实这套程序。

（5）从评价中获得动力——对教师课程领导力评价方式的再思考

在教师访谈中我们发现,教师往往能从幼儿、家长、同伴等重要他人的肯定中获得专业自信和课程实践的动力,但怎样能在幼儿园对教师课程领导力发展的评价机制中也让教师获得这种被肯定或者有发展的成就感,却是一个挑战。

首先,我们需要改变评价的理念。我们仔细研读和认真实践教师课程领导力发展标准,但是如果通过简单地"打分"来评价教师,不但无法激发教师的积极体验,反而增加了教师的压力,让评价变成了一种变向"考试"。因此,对于《教师课程领导力评价指标》(上海市教育委员会教学研究室,2019)(详见附录1),我们的导向是将其作为教师日常课程实施的参考,引发教师对自身课程实践的反思。

其次,通过这次项目研究,我们发现了教师访谈作为一种促进教师反思和评价方式的优越性。作为对量化评价的补充,访谈能使教师更为轻松,它不仅能够帮助学校深入地了解教师在课程实践中的所思所想,而且能够在访谈中的帮助教师自我反思并在交流中获得解决问题的思路。在未来的课程评价中，我们也将尝试更多地使用这种方式。

## 四、成长之机——反思收获与不足

### （一）我们的收获

#### 1. 收获课程案例,更收获儿童之心

三年的研究过程中，我们所积累的各种类型班本化课程案例不下 50 个，全部来源于一线教师们的原创。但我们从这些案例中看到的，绝不仅是数量的累积，内容的丰厚，而是总能深打动我们的那一份份炙热的儿童之心。当"我发现孩子们……""我的孩子们喜欢……""孩子们需要……"这些变成了教师们在课程实践中常常挂在嘴边的"口头禅"；当教师满怀激情投入到每一个和孩子们一起的活动中；当教师为了给孩子们提供更好的课程讨论地面红耳赤……班本化课程案例背后所蕴藏的，正是教师课程领导力的核心"以幼儿为本"。

#### 2. 收获经验论文,更收获课程意识

在研究过程中，我们在教师的经验论文方面也获得了丰硕的成果，在我们的成果专著中，收录了教师经验论文 30 余篇，还有各类获奖、发表不下 10 篇，可以说是我园各类课题、项目研究以来，论文成果最丰硕的一次。虽然论文内容各不相同，但仔细研读就可以发现，教师课程意识的觉醒是每篇论文背后的共同特征。这种觉醒，体现在他们一次次辛苦执着的实践探索，体现在他们一次次积极主动的创新思维，更体现在他们一次次与团队的不断磨合。论文可以翻篇，但课程意识的觉醒却是每位教师成长中永远不会被磨灭的财富。

#### 3. 收获个人成长,更收获团队文化

本次项目研究过程中，全园教师参与率 100%，在班本化课程实践背景下，教师们的个人成长成效十分显著，多个班本化课程中的活动设计在各类评审中获奖。但最让我们触动的，不是这些荣誉成绩，而是各种分享活动中教师倾听别班课程时的专注和投入；是管理者和教师们一起窝在教室里研究课程；是家长在每一个班本化活动中的参与热情和积极肯定……而这些，正是我们所追求的关爱与和谐、执着与创新的课程文化。

# 第一章

## 改变,从理念开始

——班本化课程建构中教师课程
意识决策力的提升

在我们的生活中,意识与决策无时无刻不在发生。每天清晨,妈妈们都会早早起床为孩子们精心准备早餐,孩子们起床后则可能会去晨读,或者整理自己衣服、书包等。对妈妈来说,她对自己作为母亲的意识是照顾好孩子,所以她做出了早起准备早餐的决策,而孩子对自己作为学生的意识是为上学做好准备,所以他(她)做出了学习或者准备物品的决策。

然而,很多时候,久而久之的习惯会让我们慢慢忽略了自己的意识和决策背后的意义,常常使我们忘记了思考和改变。而教师的课程意识决策正面临同样的问题。老师们若对自己作为一名课程实施者的角色有充分的意识,则她们会认真地备计划、做教具、组织各种活动。但久而久之,当这种意识决策转化为固有习惯,老师们就成为了课程的被动执行者,她会懈怠于思考我为什么要准备这个计划,为什么要这样做教具,为什么活动是这样组织而不是那样组织。

课程的结果在周而复始,而过程的意义却在消失。

课程意识决策力中的关键要素是教师的课程意识以及基于课程意识为班级做出适宜的课程决策。这里的课程决策不仅指向对某一个课程内容所做的具体决策,而是教师在课程实践的所有过程中总是能为幼儿的发展做出适宜的课程价值判断的能力。

在班本化课程实践中,老师们不再是课程的被动执行者,而是认真的观察者、耐心的倾听者、主动的思考者、积极的探索者和智慧的决策者,他们将要做的是和他们的孩子们一起建构真正属于他们自己的,让他们快乐并在过程中获得共同发展的课程。

# 敏锐课程意识，果断决策

金 超

　　班本化课程的实施是一个开放的，重视幼儿兴趣、需要和主体性的过程，它的开发与生成是课程实施的核心环节，而这一切都是建立在教师关注、了解、支持、帮助和引导幼儿生活与学习的基础上产生和发展起来的，是教师抓住幼儿在一日生活中正在发生和可能发生的活动，有目的地适时引导下发掘生成的，是建立在班级生态分析基础上的更适宜的课程。

　　这一过程中教师对于班本化课程所进行的思考、判断和选择的过程，体现了教师的课程意识决策力，而且在课程发展的不同阶段和不同水平，都伴随着教师所作出的各种决策。如果说课程是一个动态的整体，那么课程的设计、课程的实施和课程的评价等就是其中彼此关联的环节，而课程意识决策则是课程系统运作的首要环节，它为课程实施和课程评价等提供了方向导引。这与我们的课程领导力不谋而合。课程领导力包括意识决策力、生成设计力、实施执行力和反思评价力，意识决策居于先者，对后续的课程走向起到导向的作用。所以，过程中教师敏锐的课程意识决策显得尤为重要！

　　那么我们教师如何为实现一定的幼儿园课程目标，对班本化课程进行思考、判断与选择呢？以下将结合自己的探索实践案例，从幼儿、教师和课程来源三方面来阐述自己的一些思考。

## 一、观察捕捉，分析切入

　　观察和了解幼儿是教师发掘班本化课程的基础。班级生态是以人为支撑的，幼儿是饱有无限活力的生命体，是教育的起点和归宿。杜威也曾指出："经常而细心地观察儿童的兴趣，对于教育者是最重要的，这些兴趣必须作为显示儿童已发展到什么状态的标志加以观察，它们预示着儿童将进入那个阶段。"班本化课程实施的目的就是要使每位幼儿在原有水平与基础上得到进步与发展，积累并丰富有益于其身心发展的各种经验。教师只有对他们的外显行为给予不断的仔细观察，才能真正地走进他们的世界，才能知道他们的需要，然后判断并选择用什么方法和内容去满足他们的当前需要。

观察本身并不是目的，观察的目的在于要取得一些信息。开发班本化课程就需要教师把幼儿在生活中表现出来一言一行的信息进行分析，分析其背后的原因，捕捉每个幼儿的认知水平、情感态度和个性差异等。其实，观察也是教师"向孩子学习"的基础。

## 教师的记录

小班开学以来，我们根据园本课程实施开展了一些主题活动，随着主题活动的推进，我们发现班级里的孩子对圆圆的物体是非常感兴趣和敏感的：小宝宝主题中身体上心灵的窗户——眼睛，他们明白是圆圆的；娃娃家主题中"我在长大"代表自己成长的圆轮，他们在纸上乐此不疲地重复图画，苹果橘子主题中对于两种水果的摸箱游戏，孩子们也能迅速地说出它的形状；此外在一日生活里，我们运动中集合时要踩在圆圆的点上，走跑时经常要以圆圈为队列形式，集体游戏中手拉手围成圆，角色游戏中我们的钱币用圆形雪花片表示。

"咦，这个东西为什么是圆的？""拉成圆，像个大气球！真好玩！""轮胎为什么是圆的呢？"……听到生活中孩子们的话语，教师们想到：一个普通的形状，平凡以至于我们熟视无睹，但孩子们却用自己的方式和运用原有零碎的经验在表达表现，我们何不追随这一信息开展有价值的活动？让幼儿获得更多有关圆的经验，了解圆与生活的关系，引发幼儿对圆的进一步关注，同时，提升幼儿表达表现的兴趣与能力。

基于上述的记录,教师在对幼儿常态生活中外显行为的观察与了解中,获悉了本班幼儿的认知及有关经验,顺应幼儿的兴趣点和探究的需要开发了"圆圆的"的班本课程。

所以,幼儿在日常各种活动中随机的事件或特定情节,幼儿在行为和言语上的一些表现,幼儿在生活、学习等领域上的各种需求等等,都可能引发教师进行各种课程决策,需要教师认真地观察、敏锐地捕捉。

### 二、深层碰撞,判断定位

影响教师课程意识决策力的因素有很多,班级生态中,幼儿是教育行为的来源和实施对象,但影响教育效果最为关键的因素便是教师本身,因为教师课程意识的捕捉和判断、决策方法的采用和实施等,都与教师的教育教学经验、专业能力、知识储备等因素有着极为密切的关系。教师知识经验的具备,使教师能够随时判断如何运用更有效或者更适宜的形式和方法来使幼儿掌握课程的内容,及时调控课程的进度和难易程度,从而不断地改进和调整课程。也就是说,当幼儿走进"裁缝店",要做好"量体裁衣",关键就得看"裁缝",也就是教师的手艺了。

班本化课程的开发是教师教育价值的判断过程,教师在观察、了解幼儿兴趣点的基础上,在顺应幼儿兴趣与需求的同时,把幼儿的兴趣、需求与教育目标进行融合,从而开展使幼儿积极参与且有效的活动。但幼儿的兴趣、需要在刚刚产生时往往是比较随意、宽泛的,还存在不确定性,小班幼儿更是如此,这就需要教师进行有效的引导,进一步了解其兴趣与需要的指向,来精准地判断并确定课程开展的着陆点。

## 教师的记录

当前幼儿园每个班级两位常班老师且师资不稳定均衡的普遍情况下,教师之间的交流碰撞就显得十分必要且重要了。接上面的案例,班级的两位老师在确定开展"圆圆的"的班本课程时,进行了意见的交换和碰撞,2年教龄的老师和7年教龄的老师在认可课程适宜性、达成一致的基础上，共同认为为了进一步了解幼儿的需求和准确判断幼儿的发展状态，需要组织幼儿围绕"你知道什么东西是圆圆的？它有什么用？"等话题进行交流讨论。7年教龄的教师还主张将家长共同纳入到"圆圆的"这一课程中，使课程实现幼儿需要、教师必要和家长重要，让课程的意义最大化，于是后续还发动家长资源，在前期通过家庭采访的形式，让家长了解课程意义、共同参与视频录制，将采访心得和视频一并发到班级微信群进行分享，从而为教师进一步了解幼儿的原有经验、学习需要，确定主题开展的方向提供大量的可分析的素材，找出幼儿相对集中的感兴趣的事物，筛选出一个个合适的贴近幼儿生活的活动。

所以，对不同的教师来说，尤其是新手教师和经验型的教师会由于自身经验的不同，在对待课程的理念、处理和决策上存在一定差异，是否敏锐地能够对课程进行适宜的调整和改变，这些都与"裁缝"的手艺水平不同有着密切联系，针对同一个人也可能会做出各有千秋、不同款式的衣服，若能相互学习，齐心协力，就会创作出新奇的作品。

### 三、抓住契机，及时进入

幼儿是智慧的生命体，他们通过学习获得成长，现如今，大家普遍接受"一日生活皆课程"的理念，认同幼儿园一日生活环节常常包含着一定的自然和科学规律的原理，是他们学习成长的重要来源和内容。儿童发展心理学研究也表明：对幼儿来说，有序的、系统的知识并不是最有重要价值的知识，而日常生活中体验性、探索性的知识对幼儿具有重要的教育价值。因此，一日生活环节中的幼儿并不是孤立存在的，而是不断地与不同的人和事物发生作用，产生奇妙的碰撞，并以各种不同的方式表现出来。教师若能深谙此道，从中开发班本化的课程，便能使教育与生活紧密融合，维持班级生态的积极良好。

# 教师的记录

午饭时，总有一些小班幼儿不愿意吃蔬菜，这和家庭教养不无关系，养成了幼儿挑食的不良习惯，于幼儿身体成长发育都是不利的。一天，心心午饭的时候把饭和汤吃完，又把自己不喜欢吃的绿叶菜藏在碗底，并趁老师在观察另一桌情况时把碗放好，被同伴发现，同伴大声告诉老师："老师，心心又藏饭了！"老师过去检查，果不其然。意意说："这蔬菜是农民伯伯种出来的，不能浪费！"心心说："才不是，这是王老师烧的，不好吃！"

针对这一情况，我们从小班幼儿的认知水平考虑出发，一方面插针式跟进"好吃的食物"主题，另一方面利用幼儿园的空地资源，辟出一块小田地，发动班级里擅长农耕的家长资源，发挥他们的专业领域优势，带来一些常见、幼儿又普遍不太喜欢的蔬菜种子秧苗在班级进行分享，然后共同去播种，通过日常养育观察，带动情感的推进，引发幼儿愿意尝试自己劳动成果以及爱惜粮食的积极情感。此外，这一课程建构过程中班级生态系统内部的各种人际关系（如师幼、幼幼之间的关系）与其外部的相关系统（如家庭等的关系），也形成一个积极、良好的生态系统互动。

这则案例中所描述的情景，可能每个老师都遇见过。从表面上看，这是有关饮食习惯方面的话题，然而教师能分析幼儿言行背后的原因，也发现了平时我们教育幼儿爱惜粮食的一些苍白无力的做法。"桌上餐来之不易"的道理，如果没有让幼儿亲身感知和亲眼所见，幼儿就无法得到深刻的感受。因此，把握日常生活环节中的教育契机，及时开发引入相关主题，让幼儿在活动中"知其然"、"知其所以然"，在参与和了解种植的劳动和创作中，获取相应的经验，从而提升对各种事物的情感。

所以，教师要敏锐地利用并开发好幼儿的一日生活。在大课程观的背景下，挖掘多种课程资源，为幼儿提供多种发展机会、条件、时空和途径的可能。

幼儿的发展不仅仅是通过印刷版的课程教材来实现的，课程意义的生成离不开幼儿的"生活世界"。鲜明的课程意识要求教师及时利用并开发各种教材以外的课程资源，为课程价值的实现和幼儿的发展提供多种可能的平台。

其实，在班本化课程建构中，不论课程选点的大或小，是系列活动还是单个活动，教师只要细心观察，有课程意识，有敏锐的嗅觉，就会发现幼儿的需求和行为中已经具有课程（活动）所要生成的内容了，而且一定是从本班幼儿的实际出发，加上自身的知识经验的支撑，是其他班级或能借鉴但无法完全复制的。

在对班本化课程建构的探究中，在课程领导力的推动下，教师已经被赋予更多的课程权利。如在意识决策力方面，教师经常能够体现出决策者的身份。教师每天在教室中对课程及幼儿的活动进行大量的决策，根据教学计划确定课程主题、不同主题之间如何排序以及用什么样的形式或者资源来呈现和说明主题等等。这些意识决策影响着活动的类型和方向，也直接影响着幼儿的最终收获。但我们应该敏锐并始终存在这样一种意识和认识：班本化课程是开放的，重视幼儿兴趣、需要和主体性的活动。教师要在细节和整体上熟悉本班幼儿身心发展的特点和现状，要对幼儿园的教育目标和人的终身发展目标以及幼儿园的教育指导纲要的精神做到心中有数，只有这样，才能具体地判断什么样的课程开展是有价值的，开发什么样的课程才是对幼儿具有挑战性和发展性价值的，才能进行有价值的班本化课程意识捕捉、判断和建构。

# 在"理解"中"对话"

## ——浅谈教师在班本化课程中接纳幼儿的差异

**吴薇娟**

巴西教育家保罗·弗莱雷指出，没有了对话，就没有了交流；没有了交流，也就没有真正的教育。对话是一种信息交换的方式，更是一种对于个体内在需求深层次的诉求。在幼儿园活动中，通过"对话"，能够使得师生之间加深相互理解，通过心灵与思维的碰撞，能够激发其内心深处更多的想法与智慧。然而，每个儿童都作为世界上独一无二的个体存在，其与他人之间的共同性永远是相对的，但差异性却是绝对的。

在以往的课程活动中，教师习惯于"忠实执行"各类教学计划和活动，缺乏对于课程的创新思考，缺乏对于孩子真实发展状态的调查和研究。因此，如何深入了解孩子们的兴趣需求，如何在集体活动中接纳每个孩子的差异性，并且使其差异性在活动中得到教师或成人的重视和满足，获得向着其"最近发展区"发展或成长的可能性呢？这是非常值得我们去思考和研究的。实践证明，对话是解决上述问题的有效途径之一。与幼儿进行深层次、多角度的"对话"，通过了解式、支持式、分享式、动态式的对话可以帮助教师不断深入了解幼儿的内心需要，从而有效推进课程的开展与实施。

### 一、在"对话"中了解幼儿的需求——发现差异

班本课程的开发与实施在很大程度上都是基于班级幼儿已有的经验，而这些经验往往来自于幼儿亲身经历过的生活实际。一个班级的幼儿除了具备其年龄阶段的共性特质以外，也往往具备个性特征。比如，在我班关于打击乐的班本化课程活动开展中，我们发现往往有的幼儿能够充当"小指挥家"的角色带

领小组幼儿排练演奏，而有的幼儿却愿意接受他人的"指挥"；有的幼儿能够独立完成乐队的宣传海报，而有的幼儿却执着于乐器的演奏方式用自己的动作进行反复练习……正是由于班级每一位幼儿都具有独特的个性以及不同的生活经验、家庭教育背景以及不同的兴趣需求，班本课程在实施过程中，就具有了许多的不确定性和未知生成性。因此，在课程实施中，我们会同幼儿进行"对话"活动，"对话"不仅是以谈话活动开展，在活动开展初期，由于面对大班年龄阶段的幼儿，我们通过对话和幼儿进行经验讨论，了解幼儿当前认知、能力等的发展水平，发现幼儿间存在着的个体差异。

## 教师的记录

在班本课程"我的身体会唱歌"开展初期，我们为了引发幼儿的参与热情，遵循幼儿的兴趣需求，鼓励幼儿自由选择一样乐器，按照自己喜欢的方式来演奏。排练时间到了，老师提议，"今天，请你选择一样乐器，来演奏它吧！"教师说道，幼儿们走到乐器架前，选择了自己喜欢的乐器，开始跟着音乐进行节奏表演。

有的幼儿能够利用大鼓熟练地敲打着各种节奏，有的幼儿选择和同伴一起进行共同表演，还有的幼儿始终徘徊在乐器架前，不知道选择哪种乐器而游离在集体之外。

过了一会儿，老师提出了新的玩法要求，"请你用不同的方式来演奏你手里的乐器，行不行？"听到教师的新要求，有的孩子放下了鼓棒，尝试用手掌来拍击大鼓；有的孩子拿着沙锤尝试敲击地面而发出有规律的节奏，而沾沾自喜。似乎每个孩子都有着自己的想法，然而，却也有个别幼儿拿着乐器还是用原来的固定方式在演奏乐器，并没有表现出创新玩法。

由此可见，虽然经过以往关于打击乐活动的经验积累，但是幼儿在音乐创作表现活动中存在个体差异，有的幼儿能够自如地将以往经验进行大胆的表现,甚至进行已有经验的迁移,但有的幼儿虽然能够将已有经验进行输出,却缺乏创新的想法。不同的幼儿在课程活动中,表现出了不同的差异。然而,"尊重个体差异"是以人为本的幼儿园课程理念一直强调的精神,也是教师在教学实践中实施执行过程中的难点。

对此,教师要善于发现并尊重幼儿的差异,对于不同幼儿表现出来的行为要给与理解和支持,正是由于幼儿表现出不同的经验水平,这也就要求我们在之后的课程实施中,需要提供给幼儿不同层次的学习内容、材料以及表达表现的空间,让幼儿在自由、宽松的氛围中进行探索和发展。

### 二、在"对话"中支持幼儿的想法——分析差异

在课程前期经验的调研基础上,教师对于全体幼儿的经验水平要进行深入剖析,面对幼儿在前期调查内中显示出来的不同经验水平,要进行分析,深入了解幼儿在课程活动前期或课程实施中产生差异的原因,解读幼儿言行所要表达的意思及需要。同时,教师在倾听幼儿表述时不仅要耐心,更加要从眼神、表情等方面给予鼓励和支持,给幼儿创设一个宽松、自由的表达表述空间。另外,教师更要在与幼儿"对话"的过程中,关注幼儿的行为表现,给予幼儿认同感和存在感,以一位"支持者"的身份去加入幼儿的"活动世界"。

## 教 师 的 记 录

多多和诚诚两人在一个小组里共同排练。多多选择了双响筒,但是却技艺生疏;诚诚非常认真地带领小组成员整齐地进行节奏练习。多多由于技艺生疏,在排练的过程中总是会发出不合拍的节奏,导致小组成员排练中止。诚诚终于按捺不住,"多多,你能不能跟着我们的节奏一起拍?""好的,但是我有点不会敲……"多多委屈地说道。"你不要和我们一组了。"诚诚生气道。"那你可以换一个乐器,你平时不是最喜欢打鼓了吗?"一旁的轩轩建议道,"多多,你有什么困难可以告诉我们。"教师在一旁以鼓励的口气说道。"我,我不太会用双

响筒，但是我喜欢这个乐器，我不想换。""那双响筒要怎么演奏呢？"教师进一步引导幼儿，"我们一起教他吧！""我知道双响筒的演奏方法，老师教过我们的。""那我们敲的慢一点。""我们可以等你的，多多。"……大家纷纷开始想办法了：有的幼儿用自己的方法教多多演奏双响筒的方法；诚诚还为多多找来一张小贴纸贴在双响筒的一边，用来提示多多敲击的顺序；还有的幼儿自告奋勇充当"指挥家"的角色，指挥大家按照一定的顺序来演奏，提醒演奏能力较弱的多多跟上集体的"步伐"。最终，多多合拍地和大家共同表演了一首完整的曲子。在之后的排练分享中，教师鼓励多多和诚诚向大家分享了整个过程。

上述案例表明，幼儿间存在着不同的演奏能力上的差异，教师要善于发现幼儿经验的差异，并了解其存在差异的原因。案例中幼儿虽然具备一定的乐器演奏经验，但是不同的幼儿各自有着不同的难点，比如多多擅长打鼓，但是不擅长于双响筒的演奏，在小组排练中遇到困难，引发同伴冲突的时候，教师并没有立即制止，而是尝试分析出现差异，引发冲突的原因——多多不擅长双响筒的演奏，于是教师通过对话的方式引发幼儿讨论，共同为同伴出现的"困难"想办法，并共同解决了"困难"。

此外，在分析幼儿差异行为的时候，教师一定要遵循两个原则：一是，从幼儿的角度分析，教师要学会站在幼儿的高度去理解幼儿的一言一行，这样才能够更加贴近幼儿的生活经验，了解幼儿内心真实的需求。二是要从专业的角度分析，只有富有扎实的专业理论知识的背景，教师才能够在活动中精准地分析出幼儿行为背后的意义，才能在读懂幼儿需求的基础上满足其需求，为他们提供更好的发展机会。

### 三、在动态开放式的"对话"中——接纳差异

班本化课程的课程实施过程其实是一种教师与幼儿进行深度对话的过程，尝试建立师生对话模式的课程实施方式也是基于幼儿兴趣开展的班本化课程的最终实施目标。教师的教学活动不应该是属于教师个人的"独白"，而应是师幼之间的"智慧对话"。

## 教师的记录

在一次集体活动中，在欣赏了乐曲《狮王进行曲》后，幼儿们分组尝试创编音乐故事，为音乐故事配器并小组合作演奏，其中为音乐故事配器并表现是这次活动的难点。有的幼儿能够根据音乐图谱，迅速地找到合适的乐器来进行演奏，而有的幼儿却认为这个活动太难而不想继续进行，然而有的幼儿却根据自己以往的知识经验，对乐器的音高音低争辩不已。

镜头1："看，我选择的非洲鼓和猎豹非常像，我能够敲打出非常快的节奏，就像猎豹在大草原上飞奔一样。"皮皮快乐地一边打鼓一边说道。"真不错呢，可以再想想还有什么乐器也能表演故事中的动物？"教师在一旁引导着。不一会儿，皮皮跑过来说"我还发现了铃鼓也可以表演猎豹，老师，我表演给你看"，皮皮说着又开始了新的尝试。"还有别的想法吗？"教师继续引导启发幼儿。

镜头2：轩轩拿起来铃鼓，敲击了一会儿，又换了三角铁。始终找不到合适的乐器，"你想表演谁呢？"教师问道。"我想表演小鱼，但是我也不知道哪一种乐器合适"，"那你可以一个个试试看，肯定会找到合适的哦！"教师鼓励道。

案例中，幼儿们都有着不同的经验差异，有的幼儿能够很快找到合适的乐器去表现故事中动物的形象，但有的幼儿始终处于茫然的选择当中，有的幼儿能够利用自身较高的音乐水平轻而易举地解决发生的"困难"。由此可见，幼儿

间存在着明显的发展差异，因此，教师更应该给予开放式的回应策略，悦纳幼儿的差异。每个幼儿都会在活动中遇到自己的"困难"且相对应不同的困难"解决方式"，经验薄弱的幼儿需要教师在活动中给予重视关注，引导他克服困难，勇于尝试，多多体验；同样经验丰富的幼儿也需要教师去关注，并给予他更高要求的发展空间和挑战，促进他经验不断建构，不断尝试新的方法；面对两种经验水平存在差异的幼儿，教师可以在活动中选择等待，鼓励通过生生互动的形式，让幼儿的经验得以共享和传递。

总之，班本课程的实施更加关注师幼在对话过程中创生出的新的教育契机和教育经验。而且，相互对话、相互理解的过程中，更有助于教师运用自身已有的知识经验、放手支持幼儿生成的课程行为，从而创生出新的教育智慧以及满足幼儿兴趣和发展需求的班本化课程。

# 谋定而后动

## ——班本化课程实施背景下班级计划的新思考

倪晓春

班级计划，可谓课程实施的"兵书"，包括班级情况分析、本学期幼儿发展目标以及相应的教育措施计划，是教师开展班级日常工作的依据。任何工作的顺利开展都离不开"计划"，制定科学的、切实可行的班级计划，一方面，可以使教师全面掌握班级情况，明确班级幼儿发展的目标。另一方面，可以使负责班级的三位保教人员明确任务要求、统一步调、协调配合，提高保教质量和工作效率。

以往班级计划的制定，可能只是两位带班教师根据本班幼儿的情况进行梳理、讨论的结果。在开学初制定好的班级计划，平时就被束之高阁，一直到学期结束再拿出来分析、撰写期末小结。

班级计划体现了具体清晰的课程期望与设想，如何制定与运用才能让这份"兵书"适合本班，能被教师、保育员、家长甚至幼儿理解，成为大家共同的愿景，这些值得我们思考。

### 一、分析现状，初步拟定班级计划

幼儿、教师、家长三个元素构成了一个班级，"知己知彼"是制定班级计划的头等大事。

#### （一）遵循幼儿年龄特点，分析优势与不足，使班级计划更具针对性

关于幼儿发展，可以结合上学期的状况，按一日活动四大块面依次分析存在的优势与不足，并阐述薄弱环节的成因。保证分析客观准确，兼顾整体和个体。

值得注意的是，对于新小班而言，教师对本班幼儿的了解主要来源于前期家访以及开学初前两周的观察。在家访前，可以准备一份调查表，向主要教养人员询问幼儿的生活习惯以及适应能力等情况，并做汇总。在开学初的前几天，也可以将幼儿的点点滴滴以照片、视频、轶事记录的方式留存。这些数据便是班级计划中有关幼儿发展的分析素材。

### （二）了解家长的期许与支持资源，充分发挥，助力课程

家长是孩子人生中的第一任老师，家园共育的重要性不言而喻。每个家长都对自己的孩子充满愿景，只有当幼儿园课程和家长的期许达成一致时，他们才会倾力配合。所以在制定班级计划时，可以以问卷的形式搜集信息，尊重家长对幼儿的发展期望，欢迎并鼓励家长对课程的参与，和教师共同商讨制定教育教学策略。

幼儿园和教师资源有限，家长们来自各行各业，充分挖掘家长支持资源，能为幼儿的发展提供更广阔的舞台。教师主动建立与家长的信息沟通机制，鼓励家长提供一定的课程支持与服务，而这可以让班本课程保持良性的动态循环，教师积极与家长反馈幼儿在园情况，而家长同时也会反馈幼儿在家状况，家园协作，共同提升幼儿发展水平。

### （三）立足本班幼儿，确立发展目标，尝试初拟教育措施

结合本班幼儿的发展现状和家长的期望，在园本幼儿发展目标的基础上可以适当调整，提出本学期的班级幼儿发展目标。紧扣发展目标，针对薄弱问题，在和家长共同商议后，系统思考，初步拟定班本化的教育措施，在班级计划中体现课程重点与班级特色，同时又能便于教师实际操作和检验。

## 教师的记录

刚入园的小班幼儿，教师和家长更多地是关注分离焦虑严重、哭闹厉害的幼儿。由于本班幼儿入托率低，开学前两天，全班30个孩子中有多达17个孩子出现哭闹现象，严重影响了正常的活动开展。在前期向家长发放的调查问卷中，大部分家长也都提到，希望自己的孩子

能快点适应幼儿园的生活。

于是在班级计划制定时，围绕"分离焦虑"这个问题展开分析，并针对情绪品质中"在新环境中能在成人安抚下保持情绪稳定，并能逐渐适应集体生活"。这条发展目标提出了两条教育措施：创设"我的秘密小屋"，给幼儿提供私密空间，抒发自己的情绪；对于哭闹严重的幼儿，接纳幼儿的情绪，通过陪伴、倾听，了解其产生情绪的原因，和家长积极沟通，共同做好该幼儿情绪的疏导，缓解分离焦虑。

## 二、把控动态，实时调整班级计划

在班本课程中，幼儿的一言一行始终带动着我们课程的走向，而教师的计划并非一成不变，也是需要跟随着幼儿的脚步行进，实现预设与生成有机结合，能够反映幼儿的动态发展。所以仅凭开学初的一份班级计划，是不能将一整个学期的课程安排全都设定好。班本化课程内容应当是预设性与生成性的结合，而这就对教师提出了更高的要求，教师在选择课程内容时，既要熟悉和把握目标，又要敏感地觉察幼儿的需要。立足幼儿的现实生活，教师始终以支持者的身份，追随幼儿，定位最近发展区。结合本班实际情况，构建自己的班级文化和班级特色。所以我们的班级计划也应该是动态发展的，实时对其进行调整。

## 教师的记录

新小班初期，分离焦虑的状况往往只是一时的，过了一段时间，大部分幼儿都能情绪平稳地参与一日活动。然而，通过日常的观察以及"两搭班"的沟通，发现本班幼儿在情绪表达、情绪控制方面有点薄弱，碰到问题有的用大哭来宣泄，有的会动手，这也跟小班年龄阶段语言表达能力有限有关。还有的会闷在心里，把负面情绪带回家。有家长反应，孩子上幼儿园后回家脾气很暴躁，没事就发脾气。"情绪管理"变成了平时家长热议的话题。

在和几位家长沟通后，发现他们对于孩子负面情绪的疏导是缺少方式方法的。孩子大哭、踩脚时，都会立即阻止，不让情绪有出口。

幼儿阶段是情绪情感发展的关键期，情绪能力的发展对之后认知发展、人际交往都会有影响。三位保教人员共同商量决定我们需要围绕"情绪管理"开展课程。

家长们对于这个课程内容的选点十分赞同，觉得是现阶段正需要解决的难题，并且一起出谋划策。有的推荐合适的绘本，比如《我的感觉》系列、《我的情绪小怪兽》，书中内容涉及想念、害怕、难过、生气、嫉妒、关心别人一些情绪的生动呈现，适合低龄阶段。还有家长提出，可以用《头脑特工队》里的几个表示情绪的卡通形象来让幼儿认识情绪，让无形的情绪有个载体，感受色彩与情绪的关系。

这些想法给了我们很多启发。比如，可以在教室墙面上创设情绪小人，引导孩子每天用色彩去记录自己的情绪，放入自己的情绪罐中，说说"我的感觉"。除了色彩，在"好听的声音"主题活动开展时，用不同的声音也能表达不同的情绪。

在家长工作方面，可以通过案例分享指导如何做共情、认知重评。班级的三位保教人员也要统一认识，齐心处理幼儿的情绪问题。针对小班年龄段幼儿可以用讲故事的方式：发生了什么；你怎么了，情绪是如何的；后来你是如何平静下来的。这样的回顾让孩子更加清晰地认识自己的情绪，也知道这些情绪是正常的，同时也学会了以后再遇到类似问题该怎么办。

由此，对班级计划又做了改动，调整了之前的情绪品质目标以及相对应的教育措施。我们将开展"我的情绪我知道"班本课程。通过绘本、认知重评、涂鸦（提供材料、空间让孩子们通过色彩来表达情绪）、提供私密角等形式引导幼儿进行情绪管理。

班级课程与各类活动是以支持和促进班级每一个幼儿发展为导向,接纳和积极关注幼儿的差异,关注幼儿素养、能力、态度等长远发展。

因此,在制定本班计划时,教师要抓住机会,全面思考班级中新的环境、新的条件、新的信息,为班级重新定位或不断修改目标,才能促进幼儿的实时发展。

### 三、了如指掌,灵活运用班级计划

以不断"变化"着的班级计划为依托,将当前的课程目标、教育措施了然于心,才能确保课程的实施。那这份计划在日常教育教学中是否有效落实、是否真正服务于幼儿的发展? 如何检验?

我们可以把班级计划放在教室中,随时翻看。将记录落实情况的表格张贴于教室墙面,逐条罗列发展目标,平时按四大板块对措施的落实情况及时进行记录。当发现教育措施不具可操作性或是成效低时,便做调整。

我们也会更细致地去观察每一位幼儿的发展,围绕发展目标对幼儿定期做出评价,并附上轶事记录。同时也会和家长一起解读发展目标,请他们就幼儿在家的情况作出评价。

比如,为每位幼儿制作一本"情绪日记",幼儿用色彩表达情绪,成人记录他

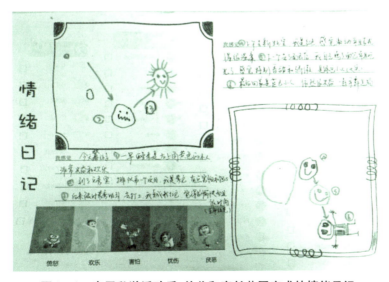

图1-1　亲子秋游活动后,幼儿和家长共同完成的情绪日记

们的语言、肢体动作。在班本化课程实施的过程中去纵向比较，幼儿的情绪管理能力是否有提高，课程是否有成效。

当一个学期的工作结束时，再来回顾一下班级计划历经的"变革"。全面思考班级计划落实情况的同时，教师也可全面反思自己在这段时间里所采取的班级管理的方法策略是否合适。能清楚地看到以往班级管理中的利与弊，从而扬长避短，不断学习充实自己、勇于改革和实践。这不但能形成良好的班级管理模式，从而提高班级管理的效率，也能促进教师自我的专业学习和成长，让班级计划真正成为指引教师实施班本化课程的"兵书"。

# 善读、善思、善用
## ——园本课程班本化实施中对"教参"的运用

姚小舟

目前我园教师的教学直接参考资料(以下简称"教参")，主要包括以下两方面：一是《二期课改教材》(包括生活、运动、学习、游戏配套用书)以及《幼儿学习材料包》；二是园级教材阳光课程，包括涵盖主题环境、教具等参考的课程资源包。

这些"教参"给教师们平时备课提供了方向和素材，例如教师参考用书和阳光课程中有很多现成的课例供教师参考，《幼儿学习材料包》以及园级的课程资源包，更是可以直接拿来在集体教学活动中使用，省去了教师很多做教具的时间。但是随着时间的推移，这些"教参"在实际使用中，渐渐出现以下问题。

一是"教参"的部分选点已跟不上时代的变化。当今社会的快速发展导致曾经的一些社会热点或被淘汰，或与现在提倡的理念不符。教师所使用的二期课改教学参考用书，出版距今已近十年，而随之撰写的阳光课程，也已经历了不少年头。期间虽有调整更新，但是仍不免有跟不上时代发展的地方。二是这些拿来就能用的"教参"容易使教师产生依赖惯性思维，直接照搬照抄，导致教师惰于对课程进行深入思考，只是机械地教授固定课程。

因此，在园本课程班本化实施中的今天，如何根据实际情况用好"教参"，对"教参"的再审视显得尤为重要。以下将从三个步骤给教师在实际使用"教参"中如何使园本课程班本化，发挥教师课程领导力提供一些参考。

**第一步：读——核心解读**

以往拿到"教参"，教师的第一反应是直接拿来就"用"：根据"教参"里的活动准备,准备好这节课所需要的教具,然后再把教案背下来,接着就可以上课了。要想提升意识决策力,必须打破这种拿来就用的思维定式,教师不妨先从"读"开始,仔细读懂教材、读透教材,明白其核心内容。

面对一份教案,或者一份操作材料,我们可以从目标、内容、实施途径等方面加以解读。

以阳光课程中小班"我的幼儿园"主题里"给积木宝宝拍照"的集体教学活动为例,通读整篇教案及提供的教具参考(见图1-2)中我们可以了解到它的内容和实施途径是以幼儿园的积木为载体,鼓励幼儿去表达出积木的形状。 图1-2显示了其表达途径为涂色。

又如二期课改配套操作材料包中中班主题"春天来了"里有一份《我们找到的春天》操作材料,从提示(见图1-3)中我们可以解读出,这是一份偏向数领域的操作材料,通过春天的场景、小动物们的情境,让幼儿在撕贴过程中理解数与数之间的关系,如3比2多1。

图1-2 《给积木宝宝拍照》教参

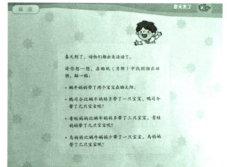

图1-3 《我们找到的春天》教参图

**第二步:想——价值判断**

读懂教材后,需要结合实际情况进行价值判断,这一步尤为重要,教师的课程意识往往就体现在此,而我们可以从以下几方面进行思考。

## （一）依据《3—6 岁儿童学习与发展指南》、幼儿年龄特点等判断教材的适切性

教材是面向全体幼儿的，在设计之初需要尽可能地考虑到普适性，但在实际实施过程中，应该针对班级幼儿的年龄特点以及《3—6 岁儿童学习与发展指南》（以下简称《指南》）中的提示判断教材的适切性，使得教材能够有针对性地对幼儿产生教育成效。

仍以"给积木宝宝拍照"活动为例，《3—6 岁儿童学习与发展指南》解读一书中提到，"创设宽松的心理环境和丰富的物质材料环境，尊重幼儿自发的、有个性的艺术表现与创造"为艺术领域教育的要点之一，图 1-2 由教师直接画好的图形限制了幼儿个性化的发挥，同时单纯地让幼儿涂色也是艺术领域教育中重技巧的误区，显然这一实施内容与途径需要做调整。

## （二）根据班级幼儿现状思考如何让园本课程更班本化

如何根据班级现状调整教材，让园本课程更班本化？班级幼儿的个性特点是教师应当最优先考虑的因素，同样的教材内容对于不同的班级都会产生不一样的化学反应，只要课程是指向幼儿核心素养培养的，采取何种方式都可以由班级幼儿的兴趣、发展水平、个性特点所决定的。

### 教 师 的 记 录

就像有一位小班教师是这样思考的：她在来园晨间活动时，观察到不少幼儿对班级内的七巧板拼图很感兴趣，并且能组合出"房子"、"小鸟"等不同图形，一边拼一边饶有兴趣地介绍。根据第一步"读"出的核心内容，同样是幼儿园里的玩具，同样是对不同形状的感知，对班级幼儿而言，七巧板拼搭比积木涂色更符合他们的发展水平及兴趣点。

另外即便有时教材如图 1-3 所示，符合幼儿年龄特点以及《指南》等理论依据，教师也应当根据班本特色进行适当调整。

如一个开展"我们的专属电台"班本化课程的班级，在看到图1-3这样一份操作材料时，便可以思考如何将原本单一的数活动与班本特色的语言活动有机结合，将材料包的作用发挥至最大。

### （三）判断活动选点是否符合当下社会理念

学习活动书中的许多选点基于之前的社会背景，而随着社会的变迁，许多理念也随之改变教师在判断选点之时不应被固有的教参限制，而是应该将当下的社会现实背景纳入考虑范围，选取符合当下社会理念的教育热点。

例如中班学习活动书中"好吃的食物"主题里有一个关于调味品的集体教学活动，过分强调调味品的作用与当下"少盐少糖，少放调味品"的健康理念不符；同时由于食品安全的原因，教案中提到的需提供"豆腐干"、"芋艿"、"猪肝"等食物让幼儿品尝操作起来也有很大的难度。

### 第三步：用——调整结合

做完价值判断，对于如何"用"好手上的教材，教师会有更明确的方向和决策力。一般有以下几种调整使用策略。

### （一）把握核心，根据班级幼儿情况调整实施内容

如何选用教材，有效实施课程内容在于教师是否能够准确把握幼儿的兴趣点以及最近发展区，把握这些核心内容才能更好地调整实施内容。

在"给积木宝宝拍照"一例中，教师根据班级幼儿的兴趣点以及就近发展区，把"给积木宝宝拍照"调整为"给七巧板宝宝拍照"，提供不同的七巧板形状给幼儿自由拼贴并想象添画，更大限度地调动幼儿在艺术领域的表达表现。

## （二）拓展教材，将园本课程与班本化课程有机结合

园本课程是经历过多年的实践论证的，有其独特的价值。实施班本化课程并不意味着要抛弃园本课程，而是应当善用园本课程资源，拓展现有园本课程教材，找到与班本化课程的契合点，使得园本课程与班本化课程能够有机结合。

以《我们找到的春天》（图1—3）操作材料包为例，教师联想到可以利用电台的契机，让原本单一的数活动可以拓展为故事创编的延伸活动，鼓励幼儿根据画面情景描述春天的故事，以音频的形式制作成电台节目，将材料包的作用发挥至更大。

综上所述，对"教参"的再审视，是教师课程领导力中意识决策力的体现，也是园本课程班本化实施中的必要内容。教师可以通过看——把握核心、想——价值判断、用——调整结合三个步骤完成对教材的分析与利用，使其更符合班本特色，发挥更大价值。善读、善思、善用，是教师课程领导力的集中体现。

# 做有准备的课程领导者

**林莉萍**

"幼儿是课程的主体"，这一理念在教师设计、实施班本化课程的过程中愈发根深蒂固。正因如此，教师更需擦亮双眼、展开胸怀、动足脑筋、做好准备，为的就是让幼儿得到更"适宜"的教育，能够用更好的方式来认识这个世界。同样，还需要教师通过经验学习、思维碰撞、自我实践、反思评价等方式，不断突破教师对于课程概念的局限认知，探索更多、更开放的教育教学形式，并在探索的过程中，更深入地反思自己的教师角色和教育行为，从而在寻求"更适宜的教育"的道路上，慢慢成为一名"有准备的课程领导者"。

## 一、成为为了解幼儿而准备着的观察者

### 发现：从"埋头苦干"中抬头看看

在以往传统课程模式中，幼儿园课程的实施更多的是由教师主导，通过创设环境、提供材料、开展课程活动来支持幼儿的发展，课程内容也大多来源于园本课程。因此，教师往往关注最多的是关于课程实施环节的问题，如何把已有的课程进行"精做"——精美的环境创设、精彩的教学活动、新颖的活动形式……我们常会把好的经验拿回来尝试，以期能让自己班级的幼儿得到"更好"的教育。在这过程中，"埋头苦干"的我们常常忽略一个重要的根本问题："那么好"的东西，是否真的"那么适合"自己班级的孩子呢？

### 碰撞：对班本化课程"昆虫"的质疑

在我的第一次班本化课程实践"昆虫"中，我选择了将班本化课程依附在中班"在秋天里"的主题背景下，尝试拓展了秋虫的分支，并重点带孩子们来到了

野生昆虫馆进行参观学习。一个看似热闹又有趣的"昆虫"课程,在评价过程中却遭遇连连质疑:真的是来源于孩子们的兴趣吗?教师是否有观察依据?内容是否更多是我的"一厢情愿"?孩子们到底是否如我一样感兴趣?这些内容是否符合孩子们的需要呢?那时的我竟没有真正认真地观察、倾听过孩子们的想法……

这些未来得及思考的问题,成了之后每一次班本化课程实施中我一定会问自己的问题,这场改革也自此真正在我的课程意识中悄然开始……随着对班本化课程不断深入的研究和探讨,我们开始在关注课程的内容和形式的同时,注重对幼儿的观察,分析他们行为背后的兴趣和需要,也开始基于这样的观察,去实施和评价一个班本化课程。

作为教师,必须成为一个有准备的观察者,保持一颗"好奇心",及时观察、敏锐捕捉幼儿的日常的行为、思想、当前经验和发展需要,并做出相应的思考和分析,才能运用更有效的教育策略去跟进幼儿探索和发展。

### 二、成为为满足幼儿而准备着的追随者

通过观察了解到幼儿真正的兴趣和需要后,教师会获得大量的信息,这些来源于幼儿的信息是否就能"拿来就用"呢?实践发现,很多时候,教师也是在捕捉到幼儿的兴趣的基础上架构出班本化课程,可最终幼儿得到的发展却十分有限,或是只是满足了小部分幼儿的兴趣和需要,以致课程的生命力不足,没有达到预设的课程目标等等。

**质疑:不间断进行班本化课程的价值判断**

问题当中最具争议的问题当属对教师"主导作用"的质疑,由于在本次"淘最上海"班本化课程中,课程目标指向本土文化的感受和传承,这的确来源于幼儿的兴趣和需要,但同时在课程实施过程中,我们教师本身对于本土文化内容的情怀和眷恋也非常"显眼",例如幼儿玩老上海游戏的契机是由于我的搭班周老师会将自己小时候的弄堂游戏玩法主动一一分享给孩子们,并和他们一起玩,我也常常会在自由活动时间额外教授孩子们一些沪语童谣,和孩子们聊聊我小时候的见闻……一股热情并未持续很久,我们开始思考和纠结,我们对于

课程内容本身的热情和情怀是否成为了该班本化课程的主要推动力？是否偏离了班本化课程以幼儿为主体的原则？这几个活动到底是源自于幼儿的兴趣，还是教师的青睐？

对于这些问题我们也在不断地做课程价值的判断，弄堂游戏和沪语童谣的内容的确存在教师主导课程内容的倾向，可是内容虽然是由老师带来的，孩子们对活动内容所呈现出的持续热情和后续自主的玩法拓展也证明了幼儿的兴趣所向以及该内容的价值，教师本身的文化素养也是"淘最上海"班本化课程中非常重要的课程资源，并在一定程度上有效地推动了本次班本化课程的形成和发展，而这种生活性课程资源，是教师把握课程与生活世界联系的认知基础，直接影响到教师的教学状态，能让教师在课程理解、课程实施过程中突破自我，触发教师在专业发展上追求自我情感的寄托，追求更有内涵、更有质量的课程内容。在课程实施过程中，教师的投入为孩子们了解上海这座城市打开深入挖掘的渠道和路径——与身边的人一起探寻老上海文化的奥秘，并且与家长建立对话、合作、共同探索的关系，在这个过程中，教师与幼儿都得到了提升和发展，这与课程本身追随幼儿的兴趣，满足幼儿的发展需要并不矛盾。

**反思：被动思考转为主动学习**

虽然这样的话题总是无法得出一个"标准"的答案，但我非常珍视这样每一次自我质疑或是被同伴质疑的过程，它实质是一个斟酌教师定位和课程价值的过程，从这些问题中我们关注的是课程的各阶段内容是否真正被幼儿所需要、课程内容的适宜性、关注课程内容实施的路径等问题，自我反思、刨根问底的状态变成了实施班本化课程过程中的"常态"：常常与孩子沟通对话；反复捧起《3—6岁儿童学习与发展指南》（以下简称《指南》）仔细翻阅，寻找理论支撑；我会主动将自己的课程实施现状和遇到的困惑和其他老师分享……多种形式的对话、多频次的教学研讨，能让我在班本化课程的实施过程中始终做到让幼儿成为课程的主体，保持警醒，也始终保持开放的心态，接受他人对自己想法的不同意见，并为自己的思考提供帮助。教师在这个过程中能够时刻从孩子的追随者角度去思考和决策，同时也不断自我学习，无形中，自己对于课程架构和内容判断所需要的意识决策力也正在不断成长，这也是班本化课程能够真正做到追随幼儿,并推动幼儿发展的重要推动力。

### 三、成为为幼儿发展而准备着的支持者

在实施班本化课程的过程中,教师时常会千头万绪,幼儿的表达反馈、家长的热心提议、《指南》的引领、园本资料包的课例、社会资源等等,哪些是孩子们真正所需要的,如何思考进行取舍,如何更好地整合这些课程资源,梳理课程发展脉络,架构起整个班本化课程? 这些问题使得我在"淘最上海"班本化课程的架构过程中常常陷入迷茫,在以往的班本化课程实践中,我更多倾向于"走一步看一步",一面继续观察,一面寻找突破点再进行思考,看看有没有更好的做法……

**探寻:寻求最优化的方法策略**

教师认为,口头采访和记录对于大班幼儿的能力有所挑战,既可以满足幼儿的求知需要,快速获得自己想要的答案,又可以学习到一种科学的调查方法——采访,在设计问卷——口头采访——记录结果的过程中也对提升幼儿的口头表达能力、自信心,培养科学的研究方法、自主性等方面都有着莫大的价值。另外,使用网络搜索引擎也是一个简便而有效的方法,并且可以为大班年龄段幼儿所掌握,孩子们身处日新月异的互联网时代,应当学习更新更便捷的调查方法,为日后的自主学习积累更多方法和经验。此外,由于"淘最上海"具有很强的时代性和现实感,幼儿仅仅从家庭环境和班级环境中获得的经验是不足的,大量的经验可以来源于社会、公共设施等等,上海本就是海派文化最浓厚的地方,我们不应"身处宝藏而不悟",在幼儿园内"闭门造车",应当借助更多的社会资源,带孩子走出幼儿园,让孩子们真的去老房子、博物馆里找答案,在真实的场景中多感官地感受和学习,获得最直观的经验,探索问题的答案。这样做的话,一定比单单"听故事"获得的经验更立体、更深刻,也更客观……每一次在这样的反思中,总能生成出更多更好的方法和策略,为满足幼儿的需要,提供更适切的策略,更有效地支持幼儿的自主探索。

**成长:教师课程领导力的提升和课程思路的拓展**

班本化课程的开展要求教师进一步打开思维,让自己的课程资源更开放、

更多样,在幼儿的兴趣与需求的基础上,大胆地对各种环境资源(家长资源、园内资源,以及大量的社会资源)进行了整合、选择与调动,为的就是让幼儿在过程中获得多种体验,不断扩大幼儿的经验范围最终促成了我们最后走出校园、走向社会的"淘最上海"活动,孩子们坐着从未体验过的各种各样的公共交通,走上街头,去观察、去感受、去交流、去调查、去参与,用自己的方式,"淘"到属于自己的"最上海"答案。在整个"淘最上海"班本化课程开展过程中,孩子们收获了许多课堂上无法得到的经验和知识,他们用自己的方式调查并解答了自己的疑惑,我真切地看到孩子们从被动接受知识到主动探究的转变,看到孩子们探索解决问题的能力和社会交往能力的发展……

作为教师,在不断思考的过程中,我也感受到建构班本化课程的莫大成就

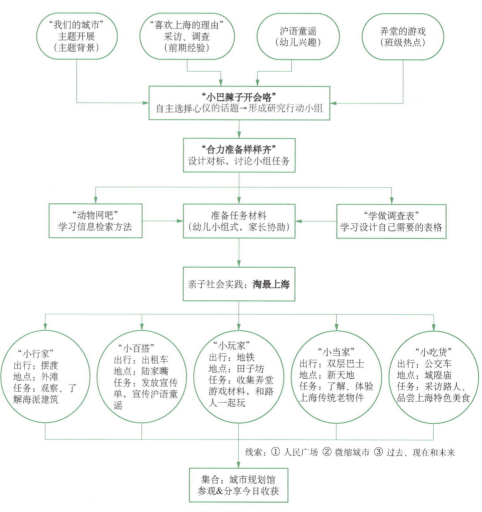

**"淘最上海"课程架构图**

感——从产生想法到实施每个环节，似乎总是一个充满矛盾和问题的过程，从出现问题到斟酌思考，循环不息，但正是有了这样的思维碰撞，才使这个活动的价值经得住考验，变得更符合孩子的需要，更利于孩子们课程经验的主动建构，真正成为"孩子们的班本化课程"。不仅如此，经历过这样的研究过程，"孩子在心，课程随行"的理念才真正内化为我们每一位一线教师的课程理念，让作为教师的我们欣然成为孩子们的观察者、追随者和支持者，也正是在这一系列角色的"无缝切换"中，加深了我们对班本化课程的认知，突破了自己的思维模式，更切身感受到自身课程意识、决策能力的不断生长，成为真正有准备的课程领导者。

# 知行合一

## ——新手型教师课程意识与课程行为之间的有效转化

**姜嫣菲**

初入职三年内的教师普遍定义为新手型教师。新手型教师们尽管有着专业的本科教育，具备了一定的专业技能，但实际上在教育教学实践上却仍是一张"白纸"，所以在教师专业发展的前三年可谓是奠定基础的黄金时期，教师的教学风格、教育理念等等都初步形成于这个时期。而新手型教师们在日常工作中感受到的、学习到的课程理念，都对自身专业成长有着至关重要的影响。作为冰厂田幼儿园的新手型教师，非常有幸地，最初成长的环境恰好是各班如火如荼地开展班本课程的时期，从入职便始终浸润在冰厂田幼儿园优秀的课程理念之中，无疑让这张"白纸"呈现出最完美的底色。但是不可否认的是，在让这张"白纸"最终成为一幅独特而美丽的"画作"的过程中遇到了许许多多的困难，而在一次次克服困难的过程中，新手型教师也能从其中汲取经验，逐渐成长。

其实比起成熟型教师，新手型教师得天独厚的条件便是省去了教学理念转变的阵痛，不会经历新旧课程理念之间的冲突。于新手型教师而言，正因为最初接触的就是班本化课程的理念，所以在课程设计上少走了很多弯路，没有过往经验的限制，在选择课程主题时往往更能关注到幼儿兴趣，也更加大胆。无论设计何种主题内容的课程，都始终重视幼儿，重视班本经验。但是，只具备意识是不足以支撑整个课程的，有效的课程实施才是最终促进幼儿发展的保证。空谈意识，不谈实施，无疑是空中楼阁。新手型教师们往往是思维活跃的"空想主义者"，在课程实施中却往往很难一展宏图，"应然"与"实然"之间存在着鸿沟，知行难以统一。如何将课程意识有效地转化为课程行为，并最终作用于幼儿发展，成了新手型教师们遇到的难题。

在黄晓伟(2015)的研究中提及,课程意识想要有效转化为课程行为是需要两个条件的,其一是课程权力,其二是课程能力。冰厂田幼儿园已然将课程决策的权力赋予教师,但是对于新手型教师而言缺乏的恰恰是能够把自己的教学思想和观念落实到课程行为中的能力,也就是课程实施执行力。课程意识最终都应将以课程行为的形式外化。新手型教师想要将自身对课程的决策与设计有效转化为实施,首先需要发现与成熟型教师之间的差距并找出产生差距的原因,进而思考如何通过自身的努力以及多方的助力下做到知行合一,课程意识有效地转化为课程行为。

## 一、发现差距——课程意识与课程行为之间有效转化的第一步

在班本课程中,我们一直以来强调的是"以幼儿的兴趣为出发点""以幼儿为中心""孩子在心",这样的理论导向符合"以儿童为本"的教育观,强调幼儿的兴趣是课程有效实施的保证之一。意识指导行为,可新手型教师们往往空有意识却无计可施或者实施效果远不如设想,这时候的新手型教师更多地需要的是"先听先看",发现自身与成熟型教师之间的行为差距,从差距中总结经验。

新手型教师与成熟型教师之间最大的差距往往在于师幼互动和给予幼儿支持的方式。产生差距的原因一方面来源于成熟型教师过往的经验累积,另一方面则是因为新手型教师虽然理解了课程理念,也能够根据理念尝试设计课程,但是却缺乏沉淀的时间,不能真正将课程理念"嚼碎"内化,导致课程意识难以流畅地转为课程行为,将意识真正诉诸实施。

### (一) 师幼互动的差距

师幼互动过程中的教师提问质量是能够影响幼儿发展的重要因素,在帮助幼儿形成对事物的概念认识时,教师对幼儿的提问至关重要,而新手型教师与成熟型教师的差距也往往会集中体现于此。就如在班本课程《自制图书》中,从下列表格(表1-1)可以很清晰地发现新手型教师的提问是局限于幼儿画面内容,仅仅从单维思考幼儿的兴趣,提问零散而跳跃。而成熟型教师的提问,更具指向性,在指导幼儿自制图书的过程中,每一个问题都会有意识地依照框架经

过思考后提出的每一次的师幼互动都是教师对幼儿的一次经验提升。这一细节或许并不明显，但日积月累，在一段时间的积累后，幼儿的水平就会体现出提升的趋势。

表1-1    基于同一现象的成熟型教师和新手型教师的师幼互动比较

|  | 成熟型教师 | 新手型教师 |
|---|---|---|
| 提问 | "你在画封面还是扉页呢?"<br>"你画的是故事书吗? 讲了什么故事?"<br>"你今天用了哪些材料来做书呢?"<br>"做完书你想把它用在哪里?" | "你在画什么?"<br>"你画这本书叫什么名字"<br>"你的书准备放在书架上吗?" |
| 特点 | 先思后行<br>指向预定框架 | 零散跳跃<br>单维思考 |

### (二) 给予幼儿支持方式的差距

除了师幼互动，在给予幼儿支持上，新手型教师与成熟型教师之间的差距也显而易见。新手型教师尽管知道在确定学习目标后，需要提供有趣的开放性材料，并且鼓励儿童按照自己的发展水平探索这些材料，同时需要与幼儿积极互动以支持和拓展他们的探索，但是新教师缺乏的正是如何通过环境以及材料来指导幼儿持续进行探索。

同样是在班本课程"自制图书"中，为了让幼儿能够设计一本属于自己的毕业纪念册，两位教师在班级中投放了许许多多的材料，包括各种种类的纸、笔、装饰物，还有新奇的语音便签等等。投放以后新手型教师做了两件事情：第一件是定期检查材料的数量，以便随时增添；第二件则是和幼儿一起制定了材料的使用规则。而成熟型教师则是不断地对幼儿提问，比如毕业纪念册的个人部分有哪些要素是一定要放在其中的，每一页的装饰是不是要与照片有所联系？需不需要对毕业纪念册的照片进行解释……

在案例中可以看出：新手型教师在投放材料之后就陷入了"怪圈"，纠结于材料提供这一方面，把自己当做了"材料仓库管理员"而忘记了教师除了成为材料的提供者，还应当承担起引导幼儿学习的责任；而成熟型教师的行动正是向新手型教师说明教师除了可以为幼儿创造一个物质材料充足的学习环境以外，还需要通过抛出一个个问题帮助幼儿构建知识，通过问题来帮助孩子们一步步明确个人部分的设计并不是随意的涂画，而是有计划的，有主题的。同时，成熟型教师能够更多地预期幼儿可能会遇到的阻碍，进而通过不断地提出问题支撑幼儿进行持续且深入的学习。这也就意味着在课程实施中，对于这些"问题"是需要结合实际情况进行再设计再生成的，而这样的能力及经验恰恰是新手教师所缺乏的。

在班本课程中，课程意识统领着所有的课程行为，在课程实施的每一步环节里，都需要教师不断地将课程意识融于实施之中，且需要根据实施情况不断进行调整，运用合适的方法进行再设计再实施。而新手型教师所谓的"知"因为缺乏时间的沉淀和经验的支持，造成仅仅浮于表面的"知"，新手型教师的课程意识往往难以运用于师幼互动和支持方式之中，在这样的课程意识之下形成的课程行为自然会造成与预期有所差距的结果。所以新手型教师意识到差距并清楚差距产生的原因之后，也就知道可以努力的方向，可以向成熟型教师学习，慢下脚步，给自己时间沉淀，真正地去思考课程意识如何转化成课程行为，让知与行逐渐靠拢。

### 二、细读文本与幼儿——课程意识与课程行为之间有效转化的第二步

课程意识转化成课程行为并不能急于求成，经验是逐渐累积而非一蹴而就，作为新手型教师应当脚踏实地，从最基础的内容着手，细读现有文本，梳理主题脉络，有助于新手型教师明确班本课程的价值所在，明晰各阶段幼儿的发展目标，进而思考为达成目标可采取怎样的教育方法，真正开始将课程意识"嚼碎"，落实到每一个即将被实施的环节之上。

就如在班本课程"归园田居"中，新手型教师在课程实施开始前，对贯穿于小、中、大三个年龄段园本主题中的种植活动进行梳理整合，明确种植活动对每一个年龄阶段幼儿的价值及经验要求，确定了每一个阶段幼儿在种植活动中的发展目标，进而厘清班级特色种植课程的主题脉络。

解读文本是为了帮助新手型教师更快地总结过往经验，站在巨人的肩膀上去实践课程；解读幼儿，了解幼儿年龄特点及发展目标则是帮助新手型教师找准实施课程的最佳切入点，真正让课程为幼儿带来启发，所以新手型教师想要将课程意识逐渐融于课程行为就应当学会在每一次班本课程实施之前去解读文本与幼儿，而这些行为都能够帮助新手型教师更好地去实施课程。

### 三、多方助力，共同实施——课程意识与课程行为之间有效转化的第三步

闵老师作为班中的成熟型教师给出了很多自己的想法，两人共同商讨课程实施的每一个环节，并且通过对我提问帮助我更好地明确课程目标："种植活动在大班"有用的植物"中才提出需要学会简单的种植方式，而在中班就开始会不会超越幼儿发展水平太多？"我基于之前的文本梳理和共同的讨论认为班本课程在中班阶段，对于种植方式可以不做要求，更多地是让幼儿体验，感受这个过程，而课程的重点在于幼儿能够简单地操作种植工具，并且了解植物的生长过程即可。而闵老师进一步提出在整个实施过程中，教师在指导幼儿种植的过程中，也可以更加侧重于引导幼儿去认识种植的工具，并且组织幼儿定期观察记录菜园里的变化。之后我基于班本经验，在年级组的帮助下设

计实施了集体活动"菜园里有什么"让幼儿交流他们在菜园里的发现，进行经验的再提升。课程实施之后，我们班级里的幼儿较其他班级对于菜园里的植物、昆虫如数家珍，对于菜园里什么季节种下什么样的植物，什么季节能够收获都一清二楚。

从案例中可以看出除了自身的努力以外，作为新手型教师可以更多地去与成熟型教师学习探讨，在互相探讨的过程中理清课程脉络，确定课程重点目标，进而围绕目标落实每一个环节；另外由于幼儿年龄特点相对一致，所以新手型教师也可以借助年级组的力量，共同探讨适合该年龄段幼儿的活动实施，并且通过与其他班级幼儿的对比发现自己班级幼儿的特点，进而更好地针对班级幼儿特点实施课程。新手型教师在教师专业成长过程中并不是孤单前行的，在成熟型教师的指引下，不断产生思维的碰撞，新手型教师与成熟型教师发挥所长共同实施班本课程，在多方助力下，新手型教师才能够更好地将课程意识转化为课程行为。

就像之前所说的若想将课程意识有效转化为课程行为，需要课程权力以及课程能力，课程权力冰厂田幼儿园已然赋予我们，但是课程能力却是我们新教师应当去追求的，通过对《3—6岁儿童学习与发展指南》《幼儿园教育指导纲要（试行）》等成熟文本的仔细解读，对园本课程的实施及再思考，对班级幼儿的观察了解，对成熟型教师的学习与经验汲取，都能够帮助新手型教师提高课程能力，从意识到自己与成熟型教师在课程实施方面的差距，再到有意识地去靠拢，一步一步脚踏实地，静下心来去思考班本课程。课程意识慢慢融于课程行为之中，知与行的统一，是新手型教师在班本课程中应当达成的目标，而在未来课程实施的过程中，新手型教师们仍应努力学习，向这个目标靠拢。

# 发现幼儿生活，构建生活中的课程
## ——以素材点"蛋"为例

缪 苗

"一切生活都是课程，一切课程也都是生活，有什么样的生活，就有什么样的教育。"陶行知先生"生活即教育"的理念体现在幼儿园的教育实践之中，便是"一日生活皆课程"。那何为"生活中的课程"呢？即：寻找和发现生活中有用的素材，积累对幼儿年龄特点、学习特点等的理解，在进行一定选择和取舍的基础上，罗列和制定各种方案；同时，以幼儿需求为第一，敢于创新，能够进行适度的推翻和跨界。

### 一、关注时事和热点，善于发现与运用

正如《3—6岁儿童学习与发展指南》中所提到，教师要"有意识地引导幼儿观察周围事物"，同样地，作为教师，自身也应该具备相应的素养，做生活中的有心人，关注时事和热点，并且有意识地在课程实施中尝试运用。正所谓"教师的视野是孩子们的世界"，教师视野的宽广度与否在一定程度上也影响着幼儿。对于我个人而言，平日里，我喜欢给孩子们介绍生活中各种有趣的事情，或是一个改良的小游戏，或是一个当下热点的分享，或是一个有趣的生活自然现象的讨论等等，都可决策成为孩子们课程内容的素材点。活动"蛋宝宝站起来"，正是在这样的课程意识下形成的"无意发现"而"有意运用"的"产物"。

### 教师的记录

五年前的春分。春分到，蛋儿俏，"春分竖蛋"这个有趣的科学现

象一直流传至今，这也是我第一次关注到这一热点。那一天，我在新闻、微信朋友圈等很多媒体平台上都看到了大家对于"竖蛋"这一行为的跃跃欲试。我想，这么好玩，还有一定的挑战，孩子们是不是也会喜欢？于是，第二天，我就迫不及待地在班级里开始了尝试。当时的我只是对游戏做了简单的迁移，并没有多做思考，而孩子们也只是停留在"好玩，蛮难的"游戏体验上。游戏结果时，很多孩子们在没有辅助物的帮助下，多次尝试，但均以失败告终。于是，这一热点分享在零散尝试之后也只能随之戛然而止。

结合节气或热点话题，将其运用于教学实践，并引发幼儿个体、小组的尝试，积累相关体验和经验的做法是可行的。但还必须改变思路，需将幼儿的年龄特点、操作能力、活动的持久性等因素同时纳入决策判断的依据中，并在此基础上步步推进。

## 教师的记录

今年的春分。"竖蛋"这一话题又在朋友圈"刷屏"，回忆起上一次的经历，加上幼儿园班本化活动如火如荼的开展，再次唤醒了我对竖蛋活动的热情。首先，我提醒自己做的是，基于"孩子在心，课程随行"的课程理念，在活动设计之初我还要做什么？于是，我尝试运用幼儿园提供的《班本化课程实践指引》中的每一项操作要求来核对实施该活动的教师、幼儿、资源等基础。比对结果显示，竖蛋这一行为在幼儿阶段的教育意义，也值得定夺。因为春分竖蛋涉及到一定的地理知识，而对于学前儿童而言，这是难以理解的。怎样使活动既符合幼儿的年龄特点，又能激发他们的思考，成为我深思的重要内容。通过与其他教师的共同探讨、在网上了解更多关于"竖蛋"这一行为的信息和背后的教育点等途径后，我改变思路，将无辅助物的"竖蛋"挑战改为"增加辅助物后帮助蛋宝宝竖立起来"，从关注蛋宝宝如何竖立转变为"哪些辅助物可以帮助蛋宝宝竖起来"。这一次的活动成功了！

从五年前的春分到今年的春分，从第一次尝试后的戛然而止到这一次的改变思路再次尝试，其中最重要的转变就是从主要关注活动本身的兴趣转而关注活动与幼儿年龄、幼儿发展所需的适切性等，并且学会在整个过程中有效运用幼儿园提供的各项工具等资源。简而言之，即在开展课程决策判断之时，拥有系统性的、整体性的课程观，并由此而科学有效地设计适宜幼儿发展的活动。

### 二、积累研究幼儿的经验，做好选择和取舍

教师的教学决策是基于幼儿的学习能力提出的，对幼儿的了解程度也往往是决策是否合理、科学的关键。但是，是不是只要贴近幼儿的生活核心经验，对幼儿有挑战和发展的素材都可以随时被用进课堂呢？教师做何种选择和取舍才能真正实现"一日生活皆课程"呢？

## 教师的记录

偶然的一次机会，我看到达人秀节目有演员在表演影子的艺术，通过肢体的合作，组合变化出各种造型。凭借以往的教学经验，我想当然地以为大班的孩子有过影子的主题经验了，协商合作、空间想象、肢体表达等对他们来说肯定既新鲜有趣又富有挑战！于是，我打算在实践中试一试。本以为会是一场热闹的科学探索，可活动中，我看到的是孩子们一张张疑惑的脸，听到的是一句句抱怨声，"这个造型也太难摆了吧""老师，我根本猜不出他们做的是什么"……整整45分钟的活动，孩子们几乎没有感受到喜悦。

多次的教育实践表明，有时候用成人的标准作为衡量素材的唯一标准是不可行的。即使教师认为这是完美的素材，如果没有考虑到幼儿的核心经验和能力发展，设计得再好也只是"表面热闹"而脱离幼儿的发展水平。每一个幼儿都是独立的个体，他们进入活动之前就带有自身的家庭环境、成长经历等不同的烙印，所以，尊重幼儿的原有经验水平并不仅仅是轻描淡写的一句"幼儿经验"，而是教师在日常活动中逐步积累起来的对幼儿的认识、对幼儿年龄特点及发展需求等的研究。那在这样的基础上，教师又该如何进行选择和取舍呢？

再以集体活动"蛋宝宝站起来"为例。我开始走进幼儿，开始站在他们的角度思考问题：关于"蛋"，幼儿现有的经验有哪些呢？最近发展区又是哪块呢？思考如下：

第一，基于主题活动"学本领"开展过程中的发展需求——发现幼儿对于动物是如何出生的（蛋生、胎生、卵生）有疑惑、有争执、有经验上的空白点。

第二，基于幼儿对美食的需求——幼儿园餐点时间，蛋的美食会引发幼儿的关注，常常会把"吃蛋有营养""吃蛋会长高"挂在嘴边，却发现有的幼儿不喜欢吃蛋黄，有的不爱吃蛋白，不同烧法的蛋，幼儿的食欲也是不一样的。

第三，基于幼儿的兴趣——家委会前不久组织的彩蛋游戏，让群里热闹非凡，回到教室的幼儿，对彩蛋的各种游戏念念不忘，常常在角色游戏中出现和蛋有关的游戏内容。

鉴于此，我将学习活动"蛋宝宝站起来"定位于小班主题活动"学本领"的分支主题"蛋宝宝"下的一个具体性的科探活动，而"竖蛋"游戏正好是班本化活动开展至中期幼儿对蛋已经有了一些认知经验，但又不满足于此，从外观认知慢慢过渡到科学探究的一个活动！因此，学习活动"蛋宝宝站起来"的设计也正是应用而生的。活动现场的效果也表明幼儿喜欢这个活动，每个人或多或少都有发展，更重要的是他们对探索活动慢慢有了更浓厚的兴趣。

由此可见，不是所有素材都是有用的，也不是所有决策都是完美的。只有贴近幼儿核心经验，对幼儿有挑战和发展的素材，并且建立在教师足够了解幼儿的基础上所做的决策，才是最适合的。"了解幼儿"这四个字，简单却又不简单。

### 三、以幼儿需求为第一，敢于推翻和跨界

随着教龄的增长，教师在增加一定教育经验的同时，也正逐步踏入教育的"舒适圈"，即教师心目中对活动素材、幼儿可能对该素材产生的兴趣等有了一定的了解，于是在面对新一轮的幼儿时，教师往往还会用以往或是上一届同年龄段幼儿的表现一概之，或是运用惯常的教学方法开展惯常的活动等。

## 教 师 的 记 录

第一次教研。绘本《这是谁的蛋》被选作小班年级组进行同课异构的素材，在第一次的年级组教研中，作为年级组长的我，刚抛出这个话题，大家便热烈地讨论着：擅长数学领域的教师提出挖掘绘本的点数元素；擅长语言领域的教师则提出对绘本中朗朗上口的文字进行精加；艺术领域有特长的教师，对于活动可能适用的艺术表现形式已是娓娓道来……

由上述教研现场情况可知，对于同一素材，不同教师会因自身领域兴趣或特长在第一时间即有不同的思考。因此，教师的个体经历、领域偏好等都是影响其进行课堂教学决策的重要因素。由此，我开始深思：教师的领域偏好如此

明显地影响着教师的教学决策,是否会存在一定的弊端?

## 教 师 的 记 录

　　第二次的教研。一周后,组员们再次相聚,大家就课堂效果表达了自己最真实的感受,不过这一次我却没有看到老师们第一次教研时侃侃而谈的自信。 于是,我开始追问大家,"活动设计为什么和预期的效果相差很多,问题出在哪里?"组员们自省出多个原因,其中之一便是"我们只考虑自己有什么,没有考虑孩子需要什么!"

　　每一位教师都有着自己的专业领域偏好,挖掘并凸显自身的领域特长是提高教师专业素养的重要途径之一。但是,教师的偏好不应该是首要因素,更不应是决定性因素,更为重要的还是"孩子在心":应以幼儿的需求为第一,结合幼儿的发展需要和活动素材本身的特点展开有针对性的思考,并敢于实现自我专业领域偏好的"跨界"。此外,若教师能够更多基于幼儿立场、素材本身特点等进行思考,尝试不同的学科领域,岂不是能够促使自己逐渐成长为一名全面型教师?

　　正是基于上述思考,面对"蛋"这个主题,我没有急于按照我的喜好来设计活动。在活动设计之初,我采取了如下措施:提出"蛋"的话题,让孩子们畅所欲言;发现孩子们对话中的需求,罗列他们感兴趣的内容(特别是对不同的蛋的外形、蛋的烹饪等话题);分析整理出孩子们最感兴趣且适合的点(蛋的烹饪),最终生成了一个亲子活动方案——生活体验课"好吃的蛋"。

　　作为教师,意识决策的转变需要沉淀、源于经验、与生活同步,但不变的是需要我们去做一个有心人,去做一个有教师课程意识决策力的教师,从生活中发现素材、甄选素材、剖析素材,最后做出你认为的最有价值的教学决策,来构建生活中课程。让我们一起做一个有智慧的教师吧,厚积自身的教学经验,在转变中提升教师课程意识决策力,让课程与"生活"同步,与"高效"并肩!

# 第二章

## 为幼儿时刻准备着

——班本化课程建构中教师
课程生成设计力的提升

意识与决策的改变只是第一步,接下去,我们要对自己的决策落实拟定一个具体的规划。这个规划的拟定很有挑战,所以我们常常会更倾向于沿用过去经验或者使用现成资源,因为这样既节约时间又不容易出错。我们必须承认经验和资源的重要性,但是它绝不应该成为课程的全部,成为教师课程实施的羁绊。

教师课程生成设计力的核心要素是教师对于班级课程生成的关注意识以及将其设计成具体的课程活动的能力。每一个班级每一时刻都在经历不同的情境,每一个幼儿都在发生不同的故事,每一个教师都在不同的情境之下采取不同的教育行动和策略。即使一个教师的课程预设再周全,都不能复刻每个班级的生活。而这些不同,正是班本化课程的生成来源。而对于教师的挑战是从丰富多彩的生活中找到有价值的生成点,并将其设计成切实可行,有趣有意义的各类活动。

班本化课程注重为幼儿而生,为幼儿而设。

它不在书里,不在网上,不在别人的班级里。它在班级幼儿丰富多彩的生活里,在老师科学系统的思考里,在一个个趣味无穷的活动里,在师幼间亲密无间的对话里,在一日生活的每个细节中。教师的课程生成设计力就是抓住这些珍贵的细节,了解儿童所需,课程所求,让这些细节都成为幼儿发展的契机。

在接下去的这个篇章里,老师们将分享他们是怎样将一个个课程决策具体转化为科学有效的活动,并帮助孩子们在探索体验中获得成长。

# 着眼幼儿，架构课程

朱 洁

有关班本化课程的实践愈发深入，教师也更有意识地调整、设计、生成各种各样的课程活动，然而时常会听到各种教师们的抱怨：费劲心血、用尽心思设计的活动，幼儿的兴趣却远不如预想的那样。如果课程不是幼儿想要的那样，教师设计得再用心，终究也只能是徒有一副漂亮的"皮囊"。可是，教师设计与幼儿想要之间就一定是非此即彼的吗？想要把课程架构成幼儿想要的那样，教师在设计时必要时时想着幼儿，事事想着幼儿。

## 一、捕捉关键词——目标的确立

课程目标的确立在整个活动的开展过程中起着至关重要的引领作用。要架构"幼儿想要"的课程，首先要确立幼儿需要的课程目标。目标的建立，不仅仅要关注当前年龄段幼儿的发展特点（书面，来源指南等），更要结合日常观察发现的班本幼儿的发展水平、兴趣行为，或以幼儿调研、家长问卷的形式了解幼儿、家长的需求，以此得出目标撰写的关键词，满足班本幼儿所需并保持适当挑战，才能真正确保在课程活动中幼儿有所收获，目标得以达成。

## 教 师 的 记 录

以小班"好玩的扭蛋"课程为例，通常就小班幼儿而言，教师一般会牢牢把握幼儿的情绪体验，但就观察班本幼儿的兴趣与行为特点，我们捕捉到不同以往的是幼儿对于扭蛋有着积极的探索欲望以及日常想要表达自己的想法和需求但缺乏一定的表达技巧等现象。于是，梳理出了部分关键词，"情绪体验、动作探索和愿意表达"。继而，将课程目标定位：

1. 愿意和好朋友一起游戏，能在各种扭蛋活动中获得愉悦的情绪体验。

2. 尝试扭蛋的不同玩法，并用多种感官或动作进行探索。

3. 在与扭蛋互动的过程中，愿意表达自己的需要和想法。

再以中班"宝盒子的秘密"为例，《3—6岁儿童学习与发展指南》中就中班幼儿的阶段目标中有这么几条："用简单的观察方法，感知周围自然物和自然现象""学会用结伴、轮流、请求、商量等方式与人交往""愿意尝试使用各种材料"。再比对班本幼儿的各种发展，他们有亲近自然的欲望，但缺乏收集物品、信息的方法，会影响和妨碍他们与同伴的交流与分享。另外，他们有基本的观察行为，但观察后再进行比较与分享，观察的效率就更高了。另外，从活动开展前的家长问卷也得出家长需要幼儿多点与人沟通交流分享的方法。鉴于此，梳理出关键词："收集探索、与人沟通、观察比较与分享。"由此，预设了这样的课程目标：

1. 在完成"宝盒小任务"的过程中逐步掌握收集物品或信息、使用各种材料制作和绘画的能力，丰富生活经验的同时体验动手、探索的乐趣。

2. 在宝盒子"藏品"分享的过程中，积累与他人沟通交流的方法，学会观察、比较与分享。

目标的关键词源于教师对于班本幼儿的了解，这些了解不仅仅只是书本上的字句，更是日常对幼儿兴趣、需求、经验、情感、行为动作等的观察、理解、发现和支持。"幼儿到底想要什么""我们又能做些什么"，这在目标确立之初就已经在教师的思考中。

## 二、动态发展——内容的设计

课程内容并非是一成不变的,园本课程如此,教师生成设计出的课程亦是如此。即使最初的内容是根据班本幼儿的兴趣、需求等幼儿发展需要所设计。然而,在实施的过程中,幼儿的兴趣是否转移、幼儿的需要是否有变化、课程活动的效果等等,都会影响课程内容的调整和再生成。这个过程考验的不仅仅是教师的预判,还有对于幼儿需求的实时把握,以及对生成点内涵价值的判断。

## 教师的记录

就中班时期进行的班本化课程"哦,叶"而言,在内容架构初期,结合对于自然科学笔记的查阅,教师制定了较有序的进阶过程:由简单的探索任务入手,激发幼儿的探索兴趣;再通过亲子实践和任务一起收集探索的素材;接着,根据幼儿收集的素材进行深入的观察、比较和分类;最后,对于收集的素材进行自由创作和表达。

然而,这些都是最初的预设,课程实施的过程中,我们及时地根据幼儿的疑问、兴趣和需要来调整并生成了部分课程内容。例如:在第一阶段"我找到了"进行探索任务时,幼儿在寻觅各类物品时发现"羽毛"是比较难寻觅的,回程途中几个幼儿间的一段停不下来的对话,还有持续不断探讨的热度,以及考虑到调查表这样的形式于幼儿后续探索的意义,因此,生发了后续对"羽毛从哪里来"的拓展调查和探讨。又如:在第四阶段"我发现了"时,幼儿用放大镜观察了叶子之后,对放大镜中的世界充满了好奇,有的幼儿在饭后还拿着放大镜研究着教室中各种各样的事物:床、被子、玩具……我们捕捉到幼儿对周围世界萌发的探索兴趣,这种兴趣不仅仅于即时有益,对幼儿后继成长中探究兴趣和能力的培养都有益处。

课程内容是围绕课程目标来架构的,但不意味着就是固定的,相反地,课程内容就是动态发展的,是动态的师幼共同学习、共同建构的过程。要切实把握课程内容,就要持续关注并贴合课程的动态发展。而此动态发展的依据一是"幼儿想要",二是"想要背后的价值判断"。如上述案例中,教师的预设固然有其发展规律,但在过程中,幼儿有了新的兴趣点(对羽毛的积极探索欲望),有了新的想法(给各种各样的叶子分分类),有了情感上的需求(感恩义卖),而这些新的"想要"看似无关,实则与幼儿的终身发展有益(探究的培养、社会性的发展),随之衍生出了新的活动。新活动的形式也兼顾了幼儿年龄特点、发展水平以及情感需求。课程内容从无到有、从有到新的过程正是源于教师对"幼儿想要"的深刻认识和作为。

### 三、价值教育——社会性外延

在课程设计的过程中,教师们除了关注到幼儿的情绪、经验、发展特点、行为以确立课程架构的目标和内容之外,还需了解到幼儿有一个"想要"却说不清的东西——幼儿社会性的发展,这是身处社会的幼儿成长所需,也有其积极的现实意义。因此,在规划班本课程活动时,教师需要多加以考量。在幼儿阶段,身为社会人的他们到底还要些什么? 我们又能为即将长大的他们做点什么? 或许有些成长所需不是即时的教育目标,也不能单纯通过一个班本活动来达成。

在"好玩的扭蛋"中,曾有家长如此评价这一班本化课程,"老师是想把世界装进扭蛋里啊!"看似夸张的感慨,其实道出了教师的用意。教师通过各种活动的架构,将社会生活的方方面面带到幼儿面前,让幼儿能多方位、多感官地了解社会。而中班"哦,叶"中,我们则将幼儿在班本活动中创作和表达的和"叶"有关的作品作为感恩集市售卖的内容,再将售卖所得捐献给社会中需要帮助的人们,让作为社会一分子的幼儿在情感上得到了充分的体验和表达。即便幼小如他们,也能通过自己的创作售卖获得回报,用来帮助需要帮助的人,让他们切身体验到了身为社会人的骄傲和自豪。

以上两则活动,看似没有关联,其实并不是割裂开来的,于他们的社会性发展而言,有着长远内涵的联系。通常,教师们会执着于即时活动目标的达成,会在意一次活动中幼儿的收获,而忽视课程活动的长远联系及终身效益。在这些活动中,我们所追求的不是短时的教育价值,而是有价值的长远教育。幼儿的社会性发展正是一个持续的有价值的发展过程。对身处社会中的幼儿,教师力图通过课程活动设计来培养他们的各种品质以适应、融入和关爱身处的社会。个体终将走向社会,幼儿也终将成人。作为社会人,了解这个身处的社会,关爱和维护社会都是必要的责任,也是真正有价值的教育。

把课程架构成幼儿想要的样子,从根本上促进他们的发展,让教师和教师所架构的课程成为他们生命中的"小幸运",让他们与生活中的各种美好不期而遇。

# 班本化课程环境创设中的幼儿参与

王 蕾

环境对人的影响是有着潜移默化的作用、且作用持久深远。幼儿园作为幼儿生活、学习、游戏的场所,环境对于幼儿的学习与身心发展有便着潜移默化的作用。教师可以通过良好、适宜的环境创设来促进幼儿园主题活动开展、推动幼儿身心的健康发展。然而,反观实践,教师对于班级中环境创设的重要性认识不足,缺乏将环境与教学相结合的意识,缺乏环境材料投放的有效性意识,缺乏让幼儿参与环境创设的意识,环境中的隐性教育作用未被重视。

## 一、主题环境创设中的幼儿参与,满足幼儿与主题相关的需求

当前教师在创设幼儿园主题环境时,教师非常重视环境的"艺术性",关注色彩的搭配、装饰的多样性,往往主题还未进入,教师就能凭自己的喜好或是以往的经验,把主题环境布置得满满当当,甚至在整个主题活动开展过程中都未加调整。换而言之,主题墙在开始之初便已经被教师全部"铺满"。

虽然教师们在理念上都知晓"有效的环境创设应具有互动性,应该是要对幼儿有所帮助的,而不是简简单单的只具备装饰性。"但是,实际上呢?现在大部分教室里的幼儿学习痕迹、与幼儿的互动一般都停留在"被贴在墙上的幼儿作品",或是教师张贴的一些活动照片。这些内容虽然是来自幼儿,但是并没有发挥环境应有的作用:对幼儿的主题发展的推进作用。环境创设真的如此简单吗?答案当然是否定的!过去我们的环境创设是由老师单方面策划、制作的,幼儿只占小部分的参与。环境布置好后,让幼儿充当观赏者,很显然,在这

个过程中,幼儿是被动的。

在班本化课程开展的过程中,我们对以往的班级环境创设模式进行了调整,打破了以教师为主导,一言堂的班级环境创设方法,而是引导幼儿表达其对环境创设看法,基于儿童的视角,创设出更加符合幼儿的感受方式和年龄发展特点的班本化主题环境。

## 教师的记录

例如,班本化活动"乒乓大不同"是从大班主题"我是中国人"下分支"了不起的中国人"中拓展开来的。刚进入班本化课程时,教室里几乎没有任何与乒乓相关的环境创设。在几次集体教学活动后,幼儿们关于乒乓的知识经验有所提升,有关乒乓的困惑也越来越多。基于幼儿这方面的需求,我们布置了一项小任务,每位幼儿可以提一个自己最想了解或是最感兴趣的与乒乓有关的问题,然后我们统计出热度最高的几个问题,在书架附近张罗了一块版面,将问题公布出来,幼儿可以选择回答别人的问题。我们还在书架上投放了与乒乓相关的书籍及教师自制的乒乓大图书。

班本化课程是一个逐步开展的过程,是动态的、不确定的、开放的。所以,主题环境创设也是一个动态发展的过程,同样也具有不可预见性。因为,每一次的师幼对话中,幼儿都会冒出不同的想法,从而使得教师在主题环境创设上迸发出更多新的创意、新的想法,从而更好地发挥环境推动幼儿发展的作用。

此外,班本化课程中的主题环境除了墙面、柜面、地面这些传统的区域外,生活环境、运动环境等都可以纳入主题环境创设。如案例中的乒乓球它作为班本化材料,具有一定的特殊指向性,所以它让幼儿在运动方面有着更多的思考。

## 教师的记录

例如在一次师幼对话中：

老师："我们可以怎么玩乒乓球呢？"

幼儿a："我们可以比一比乒乓球谁能扔得远。"

幼儿B："我们可以比比乒乓球谁能扔得准。"

幼儿C："我要把乒乓球当子弹。"

乒乓作为运动项目让人最先想到的就是利用乒乓板进行击打，但是球类运动的技能要有所进步，苦练是不可避免的，可幼儿园一日活动是开放的，愉悦的，所以枯燥的技能训练并不适合在园进行。所以，幼儿的上述想法为教师提供了灵感。

基于幼儿的提议，教师和幼儿一起开始设计关于和乒乓球有关的运动项目，包括乒乓球定点投掷、乒乓枪射击游戏、持球绕柱等。

在班本化课程的主题环境创设中，教师从幼儿的角度出发，调动幼儿的多种感官，在满足了幼儿的喜好、需要和情趣的基础上，让幼儿通过提想法、制作局部环境等方式参与其中，让幼儿在参与的过程中享受一种美的熏陶，提高审美能力，从而促进幼儿的全面、和谐、主动的发展。

### 二、主题环境布局中的幼儿参与，鼓励幼儿发挥主体作用

教室的整体环境布局，每一个角落、每一个细节，都值得被重视。过往的做法基本分为两种：第一种是根据不同的功能来划分区角，如美工区、益智区、表演区、语言区等；第二种是根据角色游戏场所来定性，如：小医院、小舞台、小餐厅、小超市等。

当班本化课程开展后，教师更多地尝试从幼儿的角度去思考环境的创设，更多地倾听幼儿的与之相关的想法，了解幼儿真正想要的是什么。

## 教师的记录

大班主题"动物大世界"开展前，我们和幼儿一起讨论他们在动物领域中他们最感兴趣的内容有哪些？

幼儿a："我最喜欢去野生动物园，里面有大熊猫，胖胖的太可爱了。"

幼儿B："我也喜欢野生动物园，因为可以坐着车去贴着车窗看到老虎狮子。"

幼儿C："我们能不能在教室里也开一个动物园呢？"

在征询过幼儿对主题环境的提议后，那是否能落实于环境？此时，教师必须做出相应的判断。一个班本化活动的生成既反映了幼儿的生活、幼儿的经验、幼儿的兴趣，也凝聚了教师对幼儿的充分了解、研究。它是在幼儿与教师的互动中形成的。然而，主题环境创设也是班本化活动开展的一个组成部分，它需符合整体的主题，有情境性，有学习性，是能与幼儿充分互动的，恰恰幼儿是其中最终受益人。结合以上思考，教师决定对班级环境布局进行一次突破。

教师和幼儿商量一致，决定将教室变成一个动物园，挑选幼儿心目中最感兴趣、最想探索研究的动物，再结合区角原有的功能将教室分割成了猴林、熊猫馆、海洋水族馆、猛兽区、史前动物区、萌宠乐园、百鸟园、昆虫馆及动物餐厅。在个别化学习时间时，每个区域里的操作材料都被赋予了强烈的情境性和主题性。比如史前动物区，教师设置了挖沙考古、搭建恐龙等；在猴林区，教师设置了猴子学样、调皮的猴子等。

案例中的教师，打破了固有的划分模式，她们站在幼儿的角度，认真倾听幼儿，了解幼儿内心深处的真正需求。当教师内心坚定这样一个目标——"一切为了幼儿"，一切基于幼儿。这样就能发挥环境本应具有的教育作用。

### 三、主题材料投放中的幼儿参与，低结构材料推动幼儿发展

中大班后，教师会更加注意幼儿在游戏中的替代物行为，所以在冰厂田幼儿园，基本上每一个教室都会为幼儿准备一个大大的材料仓库来收集和摆放这些废旧材料。与此同时，教师会鼓励幼儿"以物代物"，发挥这些材料的最大回收利用之效。

而在以往，教师通常会在材料仓库里收集很多废旧的纸盒、纸芯、瓶子、罐子等等。这些废旧物品往往被放入一些大大的收纳纸箱里，但是就算整理干净也会让人感觉乱乱的，不美观。在班本化课程开展的过程中，教师就主题材料投放地点，投放内容，拿取方式等都与幼儿进行了细致的讨论。

#### （一）材料投放，基于主题，关注幼儿喜爱度

一般情况下，教师会收集许许多多的材料，觉得材料越多给幼儿的选择就会越多，幼儿的选择越多创造出的情节就会更多。但是效果真的是这样吗？恰恰很多时候正是因为教师给予幼儿太多的、无序的、无主题的选择，反而大大地降低了幼儿的替代能力，他们会对这些材料回归至最原始的摆弄。正如时不时会听到有的老师在"抱怨"，"到了大班了，为什么我的孩子还是拿着盒子当盒子用，我看其他班级的孩子会自己给盒子装上按钮什么，做成游戏里的手机了。为什么呢？"实践证明，材料投放的数量并不和幼儿的替代行为呈正比。

在班本化主题"乒乓大不同"中，班级幼儿对乒乓这一低结构材料很感兴趣，无论在角色游戏时将其作为替代物还是在个别化学习时将其当辅助材料，幼儿有着自己的想法。例如，他们会用它装饰舞台，制作各种食物，做实验（浮沉、迷宫、风速），制作各种作品（乒乓画）等。

基于上述教师观察到的现象，教师在班级材料库最显眼的位置重点投放了乒乓球，从颜色到数量，让乒乓球成为了材料仓库中最主要的材料。当然，材料仓库的重点内容并不是一整个学期一成不变的，更重要的是，站在幼儿的角度，跟随幼儿，捕捉他们的兴趣点，充分利用材料为幼儿的发展做铺垫。

#### （二）材料投放，逐步有序，考虑存取的方式

以往教师大多认为幼儿只要将材料投放入材料仓库，能按大类别摆放已经实属不易了。但是换个角度想，当教师自己站在一堆材料中，费力地去翻找自

己想要的东西,浪费了时间不说,还会消磨了创作的热情。在班本化主题开展下,教师邀请幼儿一起来摆放材料,并摆放成他们自己喜欢的模样。建立在幼儿兴趣的基础上,教师适度调整,让存取材料、整理材料变成一件"有趣"的事情。

孩子们寻找了五个大大的藤编篮筐,将乒乓球按照相近色将乒乓球分类放入藤筐呢。 在角色游戏材料仓库开放时,他们会将五个筐往外挪,保证后面橱柜里的材料拿取不受影响,在个别化学习时段,进行乒乓画制作的人,会将五个筐在自己桌子的周围摆放成弧形,节省拿取时间,增加游戏时间。

让我们从幼儿的角度出发,让他们真正成为环境创设的主体之一。促进环境发挥真正的教育作用。

# 从"野外生存"谈如何推进大班角色游戏开展

刘桂梅

> 晴天，无风。4、5月份的香樟树新陈代谢比较快，落叶到处都是。
>
> 几个女孩子也用椅子围了一个圈。妞妞拿了几个塑料罐过来，"可心，我们去那边装点水吧。"小米子、齐齐、讯讯收集了一些树叶堆在一起。抛起来，树叶扬起又落下，女孩子们相互看着大笑。"小心啊别动。"妞妞和可心装了水小心翼翼地走过来，蹲下。女孩们随手扔了几片树叶进去。"我们来泡茶吧！""茶叶是很小的！""对的，我看我爷爷的就是很小的，就是一丢丢。"妞妞边说，边用食指拇指捏在一起。齐齐把塑料罐里的树叶拿出来一点一点撕碎再放进去，几个女孩也开始撕树叶。"我这个是茉莉花茶，我妈妈喝过。""我的是玫瑰花。"

以上是我们班本化课程"野外生存"中的一个案例片段。什么是"野外生存"呢？它是班级幼儿在午饭后的休息时段中自发组织、自主命名的自发性游戏，在游戏过程中，幼儿调用自身已有的经验，自己掌控游戏进程，"野外生存"的一系列游戏单元能比较清楚地体现儿童的生活经验，文化环境，以及对他们影响较大的生活事件。

## 一、室外较少干预、活动空间大，促成丰富的自发角色游戏的产生

从这个案例我们可以发现，幼儿在室外的游戏状态：自由、自主、快乐、和谐、想象力丰富、替代行为多。这一系列游戏发生在午饭后的休息时间，这期间只要班级幼儿不出现破坏行为或者危险行为，教师就不介入。

在这些自发组织的游戏过程中，"和谁一起玩""玩什么""怎么玩""用什么玩"这一切问题都是由幼儿自己商量讨论并决定。幼儿根据自己已有的生活经验，自发选择并确定游戏主题，自发地以现有物品进行替代，通过想象创造不同的游戏情节，所有人积极主动地参与，并且乐在其中，没有强制的规则，规则的出现是为了游戏能顺利进行，也是由幼儿进行制定，没有固定的游戏形态，只有幼儿的随意自主，也没有指导员、调解员，所有的一切都由在场的幼儿做主。

教师的旁观给予了幼儿充分的想象空间，能激发幼儿更大积极性将日常生活经验迁移到游戏中；教师在远观的过程中，实际上给予幼儿更多协商的机会，独立解决问题的机会，对于大班幼儿来说，这是一种无言的信任；教师以游戏参与者的身份参与到幼儿自发游戏中，是师幼平等交流的体现，也能够激发幼儿更多地分享交流，进一步引发更多的自发游戏行为。相对于室内的有组织的游戏，这是一种挑战，一种锻炼。幼儿通过这样的自发游戏，能够满足自己的兴趣和需求，也能积累解决冲突纠纷的经验，幼儿的语言发展，组织领导能力也能得到提高，幼儿的积极主动性得到了极大的发挥。在这样的游戏中，幼儿自主选择的机会增多，有利于幼儿的独立性发展。

## 二、室内既定的游戏设置造成幼儿兴趣的缺乏

大班幼儿生活经验相对更加丰富，喜欢具有挑战性、新颖的游戏，更加喜欢解决问题，在游戏过程中愿意主动将经验迁移到游戏中，幼儿之间也形成了比较稳定和谐的交往形式，而对于具体的玩具开始逐渐失去兴趣。面对相对固定的室内角色游戏设置，幼儿会向老师表达"不好玩"，"我可不可以开个 XXX 店"，而且经常会出现角色游戏刚开始幼儿参与度很高，但是不久之后幼儿就会兴致不高，在教室各个角落徘徊观望。

结合班级幼儿户外自发角色游戏的状态，我们对自己班级的角色游戏现状

进行了评价总结,并得出结论:班级角色游戏区域相对较封闭,限制了幼儿的创新创造和交往,幼儿的替代行为出现较少。具体表现为:

1. 游戏区域由教师划定,游戏材料也会根据游戏主题和角色而事先准备妥当,例如教室内传统的"小医院""小餐厅";

2. 游戏空间相对局限,仅维持在教室内部,对于教室走廊以及教室外部空间利用较少。在这样相对封闭和固定的游戏环境中,在既定的游戏规则下,幼儿往往重复着类似的游戏情节和游戏行为,无法充分发挥个人主观能动性,部分幼儿游戏积极性不高,缺乏创造性行为,当幼儿之间出现纠纷时,习惯性求助教师,而缺乏独立性。

### 三、创设开放环境,推进角色游戏发展

一项研究(田沄锴,2015)表明:①开放环境下幼儿角色游戏更加自主;②开放环境下幼儿生成的主题内容更加丰富;③开放环境下幼儿角色互动的频率增加;④开放环境下幼儿的情节和表征更加复杂;⑤开放环境下幼儿的择伴行为更加多元。

#### (一)开放游戏空间,调整游戏区域

曾有学者(毕甜甜,2016)在研究中发现,"幼儿的自发游戏,跟游戏环境以及空间设施具有很大的关系。如果不能在空间上让孩子得到满足,孩子自发游戏的发生会受到较大程度的影响"。

为了保证幼儿有足够的游戏空间,我们调整了角色游戏区域。在班级教室的有限空间中,我们预设了小餐厅、娃娃家、小医院、小舞台等游戏主题,超市是幼儿利用桌子进行班级材料售卖,公共区域则是留给幼儿等待、准备以及产生新的游戏主题时使用的。这样的空间环境和游戏布局相对固定,因为每一个游戏区都需要相应的材料和道具,因此不会经常更换,只有当这一游戏区已经无法激发幼儿的游戏兴趣,或者幼儿集中在某一时期有新的游戏主题产生,或者根据集体教学的主题活动需要创设新的角色游戏时,才会调整和更换。这是比较固定的角色游戏区域,游戏主题和材料更换频率较低,而且很大一部分是由我们教师预设好的。同时,由于预设有限,导致教室内资源空闲,例如部分桌椅

闲置,并没有充分被利用。

为了幼儿能够拥有更充足的游戏空间,我们对游戏区域进行了扩展。将连接教室的室内大厅和户外场地一起开放,扩大了教室内部的公共区域和开放区域。

### (二)增加低结构、自然材料

研究(毕甜甜,2016)表明,低结构多功能替代物便于幼儿在角色游戏过程中发挥想象力。我们在班级原有的雪花片、积木、彩色手工纸的基础上,在材料仓库又增加了更多的低结构材料。例如裁成小块的不同颜色即时贴、收集到的不同粗细的卷纸筒、各种大小的纸杯、细绳、不同大小的纸箱,这些材料在之后幼儿的游戏过程中都有不同程度的出现,为幼儿产生新的游戏情节和游戏主题提供支持。材料仓库同时根据季节特点增加了自然材料,例如香樟树叶、荷花木兰的果实、枯树枝、鹅卵石、细沙等。

### (三)开放教师心态,减少游戏干预

幼儿在户外进行的角色游戏最大的特点就是自由,能最大限度地体验自由感,完全是处于幼儿的内在动机,不受外在要求控制,没有成人预设,没有计划指导,也不涉及成人的评价,也没有明显的目的,教师在观察幼儿游戏时,是带着学习、了解的心态,并非指导、评价的心理,这让教师能更有效地理解幼儿的游戏行为,也间接地鼓励了幼儿的游戏行为。因此,创设宽松、自由的氛围,减少教师的预设与干预是幼儿自主愉快游戏的关键。

首先,通过讨论对现有游戏主题进行取舍。我们与幼儿进行了一次有关班级内游戏主题的谈话。谈话主要是通过几个问题进行:"你们最喜欢在哪个地方玩?""哪些地方你们不喜欢玩?""如果是你想开一个店,你最想做什么? 你又需要什么?"经过几次这样的谈话以后,大部分幼儿有了自己的想法,想要在班级内开设属于自己经营的区域,如果有需要,先自己在班级内想办法解决,需要帮助的,我们就再一次通过游戏分享的方式与大家一起讨论如何解决。这样一种由想法——实践——商讨调整——实践的方案迅速得到了幼儿的支持,幼儿会经常在一起讨论游戏的时候该做什么,需要的东西该如何取得。

其次,适时参与幼儿的游戏。这里的参与并非是对幼儿游戏进行控制或改

变,而是以游戏参与者与幼儿进行互动,与幼儿成为玩伴。

再次,以分享倾听代替讲评。游戏结束后,如何引导幼儿继续反思游戏行为,如何引导幼儿自主解决游戏纠纷。往往我们教师会以一套既有的规则教授幼儿社会性行为准则,而这并不利于幼儿理解。我们可以请幼儿自主分享游戏过程中发生的事情,幼儿自行评价游戏行为,再制定一套幼儿可接受的游戏规则。

在多次调整后,班级内的角色游戏状态有了很大的改变。幼儿之间会相互商讨确定游戏主题,分工协作能力增强,游戏主题更加丰富,出现"宠物店""武装部队""花鸟市场"等新内容,幼儿游戏状态更加积极,游戏持续性增强。

# 第三章

## 行动中的智慧

### ——班本化课程建构中教师课程实施执行力的提升

很多时候，我们不是一个人一开始就能把所有的事情都想好，一切就都会按照我们所设想的样子顺利进行，在儿童教育中更是如此。如果我们想要做些新的尝试，各种困难、问题就不可避免。

我们在班本化课程实践中常常遇到各种困难，是一些若我们按照统一计划或者参考书实施课程的话就不容易遇到的困难。专业知识储备不足，时间精力不够，决策中的失误，活动推进中的瓶颈，课程资源的缺失，各种规定的限制等等。这些困难，让我们沮丧，让我们焦急，也让我们对是否继续感到彷徨。

课程实施执行力的核心要素是教师为了更好地达成目标以及高质量地完成课程活动而表现出的主动意识和专业能力。教师的主动意识主要体现在教师在面对课程实践中出现的各类问题时能够主动通过寻求各种途径或资源来支持班级的课程实施，同时教师本身对于课程实施的专业能力也将在很大程度上影响着课程实施的最终质量。

教师能够主动寻求各种途径、通过各种方式、尝试各种方法以保障课程活动的顺利实施和有效深入是教师课程实施执行力的关键所在。她们以坚定的意志、积极的学习、主动的行动、紧密的合作让一个个精彩的班本化课程活动能够真正在儿童的世界中得以实现。

在这一章中，您将读到老师们为了让幼儿能够经历更好的发展历程所做的卓越努力和她们在不断地思考和尝试中所积累的课程智慧。

# 博观约取，"步步精心"
## ——班本课程中家长资源开发利用的探究

**成　烁**

由于班本课程的开放性和独特性特质，教师对于教育资源的开发和利用热情空前高涨，然而如何判断筛选资源？如何规划利用资源？将资源高效地为班本课程所用，是叩问教师心间的极大挑战。本文以实践教学案例为依托，聚焦教育资源的开发利用，重点探究教师在资源开发利用中，如何判断筛选、将资源融入班本课程，从而促进班本课程优质、高效、精彩。

班本课程"遇见各行各业"设计从中班开启，将园本课程"周围的人"的目标中"了解常见的社会成员的工作与我们的关系，并尊重他们的劳动"进行深化和拓展，运用家长的职业资源，增加涉及的职业种类，丰富教学体验形式，从"周围的人"主题延伸和深化开展职业父母走进教室的系列活动，使幼儿对于各种职业具有更真实的感受；为幼儿创造机会"遇见"不同的人，促使幼儿拥有包容、接纳的心态，对于与人交往充满期待和美好的向往。

有的班本化课程是动人的、既贴近幼儿、水到渠成，又具有教育的美感并具有延续性，而有的活动相对孤立、时机不够成熟，不接当下幼儿的地气。在实践中不断反思优化家长资源的利用，整个课程中既有优质的也有不尽如人意的实践，可以从中梳理出一些家长资源利用的判断思考方式。

### 一、避免"放而失度"，导致资源利用出现偏差

班本课程设计中教师大量地搜集各种教育资源，尤其是家长资源的开发和利用。当面对大量资源和不断生成的信息，教师往往会一味追随信息导致班本课程的活动低效。

### 最好的，未必是最合适的！

中班上学期，我发现家长中具有丰富的职业资源，主题"周围的人"中职业体验、感受可以把爸爸妈妈们请到教室里来！课堂不仅是老师的，何不让课程资源更多彩呢？我兴致勃勃地把想法和家长沟通，我班一位从事药物科学的爸爸特别支持，想要带着孩子们感受科学的神奇！准备了大量工作时的照片、还带来了专业的实验器材，满以为会燃起班本化课程的火花。然而活动现场全然出乎了我的预料。心急！科学家爸爸严谨科学的表述方式，孩子不被吸引；精心准备的关于药物的科学实验的内容孩子似懂非懂；实验操作孩子不理解、从手足无措到随意戏闹。心痛！原本倾听习惯不错和求知好奇的孩子。倾听因不懂而不耐烦，操作因不解而无所事事。活动现场，科学家爸爸尴尬，老师内心受挫自责。这样的班本化课程并不适合这个班、这个年龄段的孩子。尽管老师在之前做了"倾听科学家的故事"等大量的物质和经验准备，然而当下的孩子对于科学家精神还不能领会。集体教学活动的形式，幼儿从专注到懈怠。原本想要的，在一个集体活动中既和科学家爸爸互动，又操作、体验实验的良好愿望在教育现实面前收到了创击。

在案例中不难发现，教师在资源利用时出现"放而失度"，其原因在于家长资源进入课程，作为对于原有课程的补充和优化应发挥其特有的价值。"做实验""记录"等良好的科学探索习惯可以通过园本课程中更为适宜的个别化学习等内容来达成。家长走进教室过程中更应关注的是社会、情感、延续的教育价值。教师整合资源的能力不够，教师关注到了家长资源，但是家长融入课程的形式不局限于集体教学。家长资源需要根据不同家长个体的特质本身能力特长来融入课程。教师对于资源整合的眼界需要更为开阔。家长资源利用出现"放而失度"的盲目性,缺乏深度思考,教师要从自身设计能力的根本上做提升。

## 二、关注实施细节,促进资源利用的高效

班本课程设计中教师对于生成的教育资源要敏锐捕捉并深度思考筛选,在班本课程设计中,对于教育资源的选择、利用的方式和频率是需要教师精心预设的。许多教师在班本课程设计中,会大量关注生成却忽略了预设同样的重要性。留有弹性空间的预设,精致的细节推敲让班本课程落地生效。

### 预则立,不预则废

当幼儿对于医生的职业情感上很向往,也有很强的探寻欲时,教师设计了针对幼儿和家庭两份调查表进行了统计(表3-1),并在设计之时做了各项详细的分析,而正因如此,让"医生妈妈"来游戏的活动渐入佳境:

表3-1　班级4位医生妈妈的职业背景和幼儿经验分析

| 工作科室 | 幼儿已有经验调查 |
| --- | --- |
| 影像科<br>(墨墨妈妈) | 我班仅有2位幼儿有拍肺部X光的经验,其他幼儿缺乏相关经验,但是对于人体内部的结构非常好奇。 |
| 手术室<br>(秋俭妈妈) | 幼儿好奇而陌生,但是有3位幼儿有家人曾经做过手术。幼儿觉得手术室很神秘。 |
| 五官科<br>(宣萱妈妈) | 比较陌生,但是对于检查眼睛、耳朵等运用的工具很有兴趣。想了解如何保护自己的五官。 |
| 儿科<br>(星星妈妈) | 幼儿最为熟悉,经验丰富,对于看病过程、医生所做的工作、运用的工具都很了解。 |

这样的分析对于课程的开展非常有必要,也是课程设计的依据。教师和幼儿一起大胆设想:4位医生妈妈一齐进入我们的角色游戏,把自己最擅长的职

业状态呈现在幼儿面前。之后的班级游戏情节中涌现了"做手术"消毒、麻醉、医生和护士配合工作的画面。面对幼儿的生成，教师继续做了详尽的规划：

循序渐进深入——"医生妈妈经常来！"仅仅一次参与游戏，不仅幼儿会意犹未尽，而且时间有限。积极和4位妈妈沟通，制定几次医生来游戏的方案。具体次数和频率根据幼儿游戏状态来弹性调整。

共建材料——"不同科室的诞生"游戏中幼儿对于医生使用的工具和工作环境兴趣强烈，此时教师鼓励幼儿与医生妈妈一起自制、收集游戏材料。例如：影像科的B超机器是怎样的，我们可以到百宝箱中寻找什么材料来替代、制作。

班本课程指向本班幼儿，资源利用时，分析思考本班幼儿特质，精心预设细节也是资源利用的关键。

### 三、始终把课程对幼儿发展的价值作为资源运用的核心价值取向

资源利用时，明确的课程目标是教师判断的准绳。"激发幼儿对于各行各业劳动者的尊重"的情感目标，是整个课程设计的核心目标。核心目标的落实让教师理性清晰，在开发利用教育资源时发生了如下的转变。

#### （一）转变思维模式：根据家长资源预设到因实际需要而"引进"

班本课程是动态发展的，教师敏锐捕捉幼儿在课程中的变化，有时一个偶发事件，因其是根据实际需要而引进家长资源的，活动效果非常好。

---

#### 因需开发——"集聚人气的技工师傅"

阅读区的一个书架被一个调皮的男孩损坏了。大家讨论是重新买一个书架还是修？损坏书架的小男孩当天就把书架带回家了。第二天教师发现男孩带回的书架被"专业"地用装支架的方式修好了，原来男孩的爷爷是一位有着几十年工作经验的技工。教师根据课程目标"对于劳动者尊重的情感"延续课程设计，请技工爷爷来到教室为每一个

---

书架加固，并在这样一个当下孩子热切崇拜的情境下去了解技工这个离孩子的生活有些远的职业。孩子们兴致高涨、倾听专注、学习主动。

可见因幼儿的实际生活和需要而引发的班本课程对于这个班的孩子而言更具影响力。同时，对于"职业"的观念，我班幼儿也从原有的医生、警察等拓展到身边这些平凡的劳动者。

**（二）转变课程资源选取的价值导向：从现实存在到动态生成**

在"遇见各行各业"的班本课程中，我们发现每个活动有些孤立，仅从认知角度让幼儿去了解一个职业，不是我们班本课程最终的教育价值取向。我们期望班本课程更有温度。

一位男孩偶然聊起说奶奶的职业是"洗衣服"，显然当下的家庭由于父母职业的忙碌，祖辈已经退休承担了家里大部分的家务，祖辈曾经的职业对于幼儿来说是陌生的。此时，发动幼儿与家长去寻找家长祖辈的老照片，了解祖辈过去的职业极大地引发了幼儿的热情。和孩子共同回忆、了解过去这样一个有价值的教育过程就开启了。课程也变得更深入、生动了。我们真正地和家长一起携手打造班本课程，而家长也是极有兴趣带着认同感参与进来，同时"遇见"也逐渐成了我们班级文化的一部分。我们把每次"遇见"的故事绘制成书留在班级的书架上，也举办了遇见"年轻时的祖辈"的照片展。在孩子和成人之间，双方都体验着这份欣喜、快乐和成就感。在"年轻时的祖辈"的照片展之后，时机成熟地开展一次属于班级自己的班本集体教学活动，教师把活动梳理和提升，和家长共同形成了一次默契的教育合力。

**（三）转变家长资源的角色定位：从执行者到参与者、支持者**

家长参与角色游戏，我们并不局限于"请家长一起来玩"这一种形式，为了丰富幼儿的游戏情节，我们请家长和幼儿共同做"生活的发现者"，请家长视频记录。视频作为我们丰富幼儿生活经验的良好资源。同样，角色游戏材料的收集和准备，发动家长参与，不仅可以丰富游戏材料，这些来自家庭和幼儿参与准备的材料更为贴近幼儿的生活经验。家长来自不同行业，有些专业的经验确实能够启发班级老师。我们利用走廊作为幼儿"小飞机"的游戏场地，建筑专业的家长参与将其设计成了一个模拟飞机舱，给予幼儿更真实的游戏体验。我们也将幼儿的游戏现场拍摄成视频，鼓励家长一起做自己孩子的游戏观察者。我们发现家长观察的积极性很高，发现了许多有价值的细节，为教师的游戏指导提供了参考。

综上所述，洋溢着班级特有的文化的资源利用，有智慧的教师是发现者和发起者。珍视家长资源的价值，并且在为课程所用的过程中，教师思考、判断、筛选，不依赖不退到家长后面，打开思路不拘泥形式，谨慎斟酌不把教师的专业任务让家长替代，努力找寻到家长和课程双赢的合作方式。班本课程设计中家长资源的开发利用考验着教师的专业素养，既要重视家长资源利用的效率，又要不断思考幼儿体验的过程和质量，我们需要不断思索、前行。

# 保持兴趣、持续探究
## ——提升幼儿园教师课程实施执行力的实践研究

**丁雨凡**

在"班本化课程建构中提升幼儿园教师课程领导力的实践研究"的课题背景下,幼儿园教师着手建构一系列具有班本化特色的课程。在《幼儿园教育指导纲要(试行)》中"关注幼儿的兴趣,把幼儿的兴趣看成是课程生成、发展起点和依据"的指导背景下,幼儿园教师往往通过分析、判断,选择有利于班级中幼儿学习的、且为多数幼儿认同的兴趣点生成课程,并跟随幼儿的兴趣、行为做动态调整,深入挖掘主题性活动的教育意义和价值,以促进幼儿主动探索和学习。然而,教师在课程实施执行的过程中,幼儿的兴趣也在潜移默化中发生细微的变化,教师是否具有一双慧眼发现幼儿的兴趣变化,在发现幼儿兴趣变化后教师又如何做出相应的课程调整,本文将着重论述幼儿园教师在建构班本化课程中如何保持幼儿兴趣、持续探究的实施执行行为和背后的思考。

### 一、倾听观察,把握兴趣,发现问题

幼儿兴趣的话题在班本化课程中的地位屹立不倒,这是教师尊重幼儿在教育中的主体地位的体现。所谓兴趣,即在人对物的作用中产生的,与劳动、活动有一定的关联,往往需要付出努力;且这种活动是有方向、有目标的。兴趣多被理解为积极探究、理解某种事物或从事某种活动的心理倾向。它能激发个体学习、探究,促进个体自主发展,因此,幼儿兴趣产生和发展的过程同时也是幼儿主体性发展的过程。从班本化课程的角度来说,课程本身要发挥幼儿的兴趣以促进其有效学习,课程的实施和执行只有在尊重幼儿兴趣的基础上才能取得更好的效果。兴趣的功能是激发学习和探究,因此,幼儿对班本化课程的兴趣有

助于其知识、经验的掌握,提高课程实施的效果,从而达成课程最终的目标。

幼儿的兴趣可以说是抽象的,也可以说是具象的。抽象在它存在于幼儿的内心,是幼儿参与班本化课程中的一种情绪态度。具象在它可以通过幼儿的外在的行为表现为教师所发现。一旦教师厘清了关于幼儿兴趣的核心概念,那么,首先拥有一颗保持幼儿兴趣的心就变得容易起来——倾听观察再行动!观察本身并不是目的,观察的目的是要取得必要的幼儿信息。班本化课程实施执行的过程中,就是需要教师把幼儿在课程中表现出来的一言一行收集起来进行分析、分析幼儿行为背后的原因,捕捉每个幼儿的认知水平、情感态度和个性差异等。在分析的过程中,教师可以对幼儿的行为表现进行客观的判断,幼儿的行为表现是否与课程内容一致,或是偏离了教师确定的课程目标和设计内容的初衷与轨迹。

在班本化课程开展的过程中,幼儿园教师通常以儿童为中心的理念实施执行先前生成、架构好的较为完善的课程,按照课程框架设计相应的课程内容。框架下的课程目标总少不了"激发幼儿兴趣,以幼儿兴趣为起点"的相关表述。然而,在这些表述下,教师是否已经真正认识了幼儿兴趣,并把理念付诸实践呢?一些教师表面看似重视幼儿兴趣,实际上却走向了另一个极端:即只关注幼儿表面化的兴趣,课程中忙于变换课程材料和课程形式吸引幼儿,令人眼花缭乱,以致幼儿在整个课程过程中被各种新奇事物轮番刺激,兴奋度始终很高。久而久之,幼儿对高强度的感官刺激产生依赖,一旦刺激不足就难以兴奋,更无暇顾及和体验自己真正的兴趣,主动性、积极性逐渐消失。即便偶然拥有自主选择机会时却连自己想玩什么都不知道,只好不停地玩下这个摸下那个,无所事事,完全体会不到独立、自主带来的深层乐趣。还有一些教师在教育中盲目跟随幼儿的兴趣,无视幼儿教育特有的目标性。课程实施的最后幼儿只获得了一些凌乱的经验碎片,更甚者,教师对幼儿兴趣的刻意强调使得一些幼儿学会揣摩教师的心理,他们所表现出来的表面兴趣仅仅是为了迎合教师的兴趣。在这种情况下,师幼双方的共同活动直接背离了教育的本意,演变成了一种虚假的课程。

## 二、转变课程,实施执行,服务幼儿

当教师通过倾听观察幼儿的行为表现判断幼儿的兴趣开始递减后,大脑随机出现"为什么"此关键性问题。是课程的内容偏离了幼儿的年龄特点、认知经验,还是课程的形式过于单一、刻板,或是其他意外等等,这都需要教师面对具体问题进行具体思考。

### (一) 增添材料、满足探索

"兴趣来源于使人感兴趣的事物和活动,多方面的兴趣产生于这些事物与活动的富源之中。"有研究发现,个体很少会对简单的事物感兴趣,而新异、复杂和不确定的事物更能引发个体的兴趣。

> 班本化课程"满世界都是洞"的开展过程中,幼儿对于生活中各种事物的洞发生了兴趣,于是教师按照课程框架的设计和课程内容的安排计划,按部就班地实施执行。可当课程进行了一周半的时候,教师发现幼儿的兴趣明显的减弱。随后教师反观开展过的一周半的课程,有按照计划根据绘本改编的语言活动,有源于幼儿的兴趣分享的火山实验,也有放在阅读区可以自己阅读的各种各样关于洞洞的书籍。明明课程中活动形式上是不一样的,但为何幼儿的兴趣仍然慢慢减弱?

从以上案例中,教师在第一时间反思了开展中的课程的形式和内容,发现凡事和洞洞有关的认知经验都是偏生活常识、偏实验操作的,对于大班这群好奇心极强的幼儿来说,单单谈话式的语言活动、书籍类的认知获得又怎能满足。于是,教师在思考后,作出了"幼儿对课程的不断理解与创新,可能会对现有的材料感到供不应求,不能满足他们当前的探索的需要"的判断。

教师在课程中的角色随机发生了变化,从课程的决策者、执行者转变为了课程的服务者。课程中,教师追随幼儿的脚步,找到幼儿的最近发展区,提供大量可以让幼儿探索的材料,最大限度地支持和满足幼儿的需要,让幼儿探究的愿望越来越强烈。幼儿的每一次新探索，对他们而言都富有更重大的意义，因为这是源于幼儿自己的发现，再进行研究探讨，会让他们自己获得更加记忆深刻的经验。而兴趣正源于此，源于丰富材料提供下的复杂、不确定的探究。

### (二) 转变形式、主动学习

班本化课程"春天"是基于教师在带大班幼儿饭后散步时，倾听到幼儿关于春天的一系列提问和对话后，发现幼儿对春天的花草世界、自然现象和动物都非常感兴趣后生成的课程。教师通过谈话活动，梳理了孩子们眼中的春天，并形成了框架性的课程内容。在第一阶段中"有趣的花草世界"中，教师通过家园合力搜集了几十本绘本摆放在教室里，提供幼儿在自由活动时间结伴阅读，探索花草世界。随后，利用学习活动时间，组织幼儿师生共读，共同分享，这样的形式与内容持续了1周，在1周的最后一天，教师在学习活动中，再一次带领幼儿共同阅读了绘本《缤纷的春天》并且邀请幼儿一起参与同伴的提问进行解答。可是，当教师兴致勃勃地邀请幼儿大胆提问时，举手的幼儿寥寥无几，愿意解答的幼儿更少之又少，孩子们都处在一片寂静之中。明明是幼儿感兴趣的春天，喜欢的花草世界，为什么到了教师认为的经验总结、分享本领的环节，孩子们都表现出了无聊作态呢？

爱因斯坦说过："兴趣是最好的老师。"有了兴趣，孩子才会积极关注，主动思考。在上述案例中，教师通过细心聆听孩子的声音，才发现了孩子们对于春天的探索欲望，却也因为精心设计的活动浇灭了孩子兴趣的火焰。在华丽书本上，摆在孩子们眼前的是一幅幅逼真的春天，是带有文字解读和补充的"老师"，明明在一定程度上解答了孩子们对春天的疑惑，为什么给予了孩子表达的空间和时间，孩子们却沉默了呢？常说，大自然是孩子最好的伙伴与老师，孩子们在喜欢在大自然没有边界的环境中享受其中的声音、气味和广阔天空下的无限探索。教师搜集绘本、共同解读的初衷是引导幼儿以自己的兴趣出发主动学习、发现书中的奥秘,从而达成最终对春天花草世界的科学认知和积极情感。然而,教师需要认识到,多样的绘本是孩子学习与探索的途径之一但不是唯一途径。课程的形式不是唯一的,也不是固定的,它没有固定的模式,也不应该把孩子框架在同一个媒介和形式中。

教师通过对课程形式的重新审视,以进一步激发孩子对春天花草世界的探索兴趣、扩展孩子对春天花草世界的科学认知为目的,作出了以下调整。

> 学习活动时间,教师带领孩子们来到了幼儿园的后花园,孩子按照活动前事先分好的兴趣小组"美丽花小组"、"厉害草小组""多样叶子小组"等等,取出了纸张和笔,四散地在后花园中或观察、或记录或奔跑探索中。……孩子们将记录纸带回了班级中,在饭后时间,他们从书架上取了些书籍,寻找好朋友热烈地讨论起来。……第二周,教室中的美工区角也热闹起来,有的孩子从书包中拿出了扁平的叶子,有的孩子拿出了艳丽的花瓣,与大自然中不同的是,孩子们都发现了原来这些奇妙的"春天"还能用来制作标本书签……

在班本化课程实施执行的过程中,教师通过转变课程的形式,把学习媒介从阅读书籍转到接触大自然,把学习空间从教室内搬到教室外,把实施课程的时间从利用学习活动到利用自由活动,把学习方式从引导式学习转变为幼儿的主动学习,这一系列变化都促进了幼儿兴趣的转变,兴趣得到了升华。趣之于兴趣,在课程不断推进的过程中,不但幼儿感受到了课程中内容的趣味性,教师也是受益者。

### (三) 去旧翻新,持续探索

> 在"兜兜侠森林绘本馆"中,大班孩子们手捧着一本本绘本,与父母一同仔细观察画面,热烈讨论之余甚至颇有争辩。在教室里,孩子

们围在美工区角，把手工纸对折，做成了一本本自制图书。学习活动中，在阅读《两个好朋友》使用的思维导图工具时，孩子们在操作环节意犹未尽。饭后自由活动中，结伴捧着书籍，自己设计图表记录书籍内容。这些回忆都被深深烙印在了开展班本化活动"我和别人不一样"课程的教师眼中。课程的主要目的旨在激发幼儿发现自己与他人的不同，愿意接纳不同的自己。教师设计了亲子外出绘本馆活动旨在希望借助家长的力量，共同搜集与课程主题相关的绘本。教师开展"两个好朋友"的集体教学活动，旨在通过发现好朋友之间的不同，激发幼儿接纳同伴的情感。然而孩子所表现出来的行为都与班本化课程的主题不那么相关，孩子们更乐意关注绘本的内容，绘本的制作，绘本的记录，这也是大班孩子的年龄特点。……教师当机立断，中止了"我和别人不一样"的课程实施，将课程的主题转变为了"悦读"，重在绘本的读与书写。

通过上述案例，我们可以发现，首先，教师作为课程的实施执行者，不仅仅是将课程框架内的活动内容按部就班的执行者。实施与执行，相辅相成，执行重在做，而实施却包含着教师的思考和智慧。当教师在开展了多个主题性相关活动后，将对幼儿观察的信息进行整合梳理后，发现了幼儿的兴趣点转变的现实问题。其次，教师作为课程的共同参与者，保有对课程的决策权。基于保持幼儿兴趣、持续探究的思想理念后，当机立断，中止了当下的主题性活动，选择延续幼儿对绘本的热情以及持续探索的欲望。

幼儿园的班本化课程具有开放式及赋权教师的特质，教师不论处在课程的起点、中间或是终点，我们都有义务通过观察评价、收集幼儿的行为表现从而判断幼儿的发展水平以及幼儿兴趣的程度。赋权背景下的教师是课程的决策者，我们可以接受课程的革新，但需要始终保持幼儿愿意主动探索的状态，这是幼儿在未来一生中都难能可贵的品质。

### 三、专业发展、反思调整,彰显智慧

#### (一) 通过挖掘幼儿兴趣表现,做一个聪慧的实施执行者

基于关注幼儿、全面发展的初心,我们开始开展班本化课程,课程领导力下的教师实施执行力需要教师具备专业的理论基础。幼儿的兴趣内容丰富,但是表现相对简单。我们可以通过不同方面,去观察挖掘幼儿的兴趣程度,从而判断课程实施的下一步行动。在幼儿日常的生活、学习、游戏活动中,兴趣都是支配其活动的最基本动力。一方面,幼儿认知水平的不同会影响幼儿的兴趣表现。对幼儿来讲,他所掌握或了解的认知经验,一般来说也是他感兴趣的内容。如果幼儿在某领域认知水平和情感态度较薄弱时,幼儿就会对该方面的兴趣减弱。另外一方面,幼儿参与程度与使用频率可以用于判断幼儿的兴趣程度。幼儿对其感兴趣的内容往往带有极大的热情和参与积极性。而在别人看来再有趣的事情幼儿如果没有兴趣也不会太多地参与。这些幼儿的兴趣表现,能够帮助教师在课程实施的课程中发现幼儿的异常从而判断反思背后的原因,成为一个聪明的,具有慧眼的实施执行者。

#### (二) 通过动态调整整合资源的手段,做一个专业的实施执行者

幼儿由于心理发展阶段和认知发展水平等问题,兴趣会体现出多种特征。首先是幼儿的兴趣往往和成人的影响关系紧密。幼儿的兴趣和幼儿经常接触到的成人关系密切。比如爸爸妈妈、爷爷奶奶、幼儿园的老师等这些人的兴趣、爱好会影响幼儿的兴趣。幼儿的兴趣很大一部分就是从这些人的身上学习到的。教师可以充分调动家长资源,鼓励家长参与班本化课程,促进幼儿的兴趣程度。其次是幼儿的兴趣容易发生转移。幼儿对某一事物的兴趣持续的时间一般而言较短,并且很容易受到其他事物的影响。当幼儿发现一些事物比较好玩之后就会立即放弃当前的兴趣。再次是幼儿的兴趣一般比较狭窄。幼儿的兴趣相对于成人而言,往往都是集中在某些具体事物或者事情上,而不是与其相关的一类事物或者事情上。教师可以将课程进行动态调整,改变课程的形式、增减课程的内容、将课程的形式和内容嵌入各个领域,形成衔接有效的整合活动。也可以利用社区资源,结合幼儿喜欢的警察局、消防局、医院、公园等不同性质的场所,在有效的资源利用中促进幼儿怀有一颗持续探索的心。

# 三位一体，合力前行
## ——班本化课程实施中教师合作理念转变的思考

徐依婷

在班本化课程实施中，将现有的园本课程进行班本化调整的过程是需要且行且思的，就像是一艘在海上远航的帆船，虽然已经规划好路线，制定好计划，但实际行进的过程中往往不会一帆风顺，而是会遇到阵阵风浪，甚至是搁浅。那么遇到波折时，教师该如何做？在实施过程中，"合作"是让你在驾驶课程之船时不再以一人之力抵挡风险的重要方式。

那么何为"合作"呢？国内外学者对于"合作"从不同角度和层面进行界定。弗里恩和库克认为合作是相互平等的两人及以上对同一个目标工作自愿地参与共同决策的直接互动方式。国内学者郝明君、靳玉勒认为，在目标一致的基础上，通过个体间的相互配合与协调，完成共同目标或实现相同利益。由此认为，合作的特点是：相同目标、平等自愿、配合协调。

以班级为单位，最基础的合作就源于班内教师（教师＋保育员）的合作。在以往观念中，教师的专业发展是需要外部的支持，而这个外部主要是指班外的支持、园外的支持，这样的观念往往忽视了班内教师群体交往过程中教育观念、教学方式相互影响的作用。但实际上，班内教师的合作关系直接影响了课程的推进与幼儿的发展，那么如何合作来提升教师课程实施力呢？就以下几条班本化课程实施过程中获得的"合作"经验来谈谈自己的感想。

### 一、搭班间由事务型向研究型转变

目前，大多数公办幼儿园实行的是"轮班制"，指的是教师们轮流担任主班教师，在一定时间内承担班级中的主要教育任务。在开展班本化课程前，教师之间只要按照教学计划,按部就班。比如一位教师擅长语言、艺术领域,那她就负责课程中语言、艺术领域的教学活动和区角,另外一位教师则负责其余领域的课程,彼此负责自己的长处领域,互不干涉。这样的合作往往是事务型的合作,看似分工明确,实则课程已然被割裂。

而当开始实施班本化课程后,幼儿课程的选择与创设则需要教师集体的力量共同完成。班本化课程实施对于教师间的合作要求更高,包括观察幼儿、分析幼儿、课程设计、创设环境、主配班合作等,都需要班级教师之间的沟通与合作。课程不应是孤立、死板的,所以构建新课程的第一步往往需要教师之间思维的碰撞,需要主配班教师共同思考。

以班本化活动"我自己"为例,在开展这个活动前,任教的两位教师进行了一次头脑风暴,根据这个主题,尝试提出关键词并由此讨论。在说到"个体"时,我们就联想到了每个孩子都有自己不一样的地方。对比现有的园本课程,"我自己"主题的课程目标更多关注幼儿探索身体各个部位的秘密,获得关于自己身体的认知经验,体验和大家做朋友的快乐,虽然也包含了尝试用不同的方式表达自己的情绪,学习根据他人的情绪、表情来调节自己的行为,但是真正落实在课程内容中教师可以开展实施的活动并不多。而对幼儿来说,发现自己的变化,了解自己的成长,探索自己身上和同伴身上的种种变化,体验在幼儿园中角色的转变则显得更为重要。于是,两位教师一致认为让幼儿了解自己的特别之处是课程必要的。为了提高幼儿的自信心,更好地满足幼儿渴望成长的需要,最终决定从"我和别人不一样"选点出发,寻找自己特别的地方,关注自我,也了解他人。

在确定主题框架后,教师之间仍应经常交流幼儿的活动情况,共同备课,挖掘不同主题分支间的内在联系,通过不同角度对同一主题下的内容进行充分整合。在这个过程中教师间进一步交流与沟通，互相提升教学能力。除去课程实施前的思考，实施过程往往并不是一帆风顺的，当遭遇分歧，教师又该如何应对？

在进行"我和别人不一样"活动时，就如同对园本课程分析的一样，落实在课程内容中教师可以开展关于表达幼儿情绪、认识自我的活动并不是很多。为了丰富课程内容，两位教师决定以绘本的形式实施教学活动，让孩子了解自己，了解和他人的关系。于是幼儿在绘本馆中寻找关于"自我"的图书，并将图书放在班中进行图书漂流。在幼儿泛读后，教师再组织精读活动，两位教师在精读的书目上产生了分歧，一位老师设想利用《两个好朋友》一书进行精读，来感受发现他人和自己的差异，而另一位老师则设想利用《我的地图书》进行精读，引导幼儿了解自己生活的方方面面，加深自我认识。最后两位老师决定将两本书都放在图书角，让幼儿来选择他们更喜欢哪本书。最终，孩子们在平时自由阅读时拿起《我的地图书》阅读的频率更高。

在这个案例中幼儿最直观的表现就是阅读频率的高低，他们对哪本书感兴趣，就会一直去阅读这本书，哪怕是书中最细微的一个图形、一句话都不会放过。在课程实施过程中，有讨论就会有分歧，有分歧才会有思考。通过幼儿行为、语言的表现，教师应该思考幼儿想要的是什么，思考能否在最近发展区内给予必要的支架。不是一味觉得好的东西就应该塞给幼儿，而是在"以孩子为本"这个基础上做出取舍。课程实施过程中有合作，必然会出现分歧，而解决分歧最好的方式就是交由幼儿来决定，选择最适合孩子的、孩子最喜欢的，这才是教师达成合作应有的共识。

当然在课程实施中，分歧仅仅是一小部分，大多数的情况下，都是启发彼此。教师在配班时除了配合组织活动，观察幼儿也是必要的环节。在班本化课程实施中，为了了解幼儿过程性的发展，配班教师会在主班教师组织活动时运用科学的量表观察幼儿的一举一动,在活动之后两位教师对量表的结果进行分析,从而判断活动的有效性与价值,在量表结果的基础上,结合幼儿的发展,对后续课程的实施进行调整。

以往的园本课程对于教师而言是拿来主义,不加思索地应用,要求的仅仅是教师的理解和实践能力。两位教师只要彼此融洽、分工明确,就能把班带好,把孩子教好。而如今班本化课程的实施,要求的不仅仅是教师和幼儿具体的教学互动能力,还包括教师对于园本课程再思考、再创造、再实施的能力,是为原有的课程体系提供了新颖的视角,注入全新的活力。课程模式的改革,也要求教师在课程实施中能有互动性的思考与研究,能够将自身的教学理念、专业素养彼此影响,内化于一个个丰富多彩的活动中。让教师之间的合作从事务型向研究型渐渐转变。只有会思考的教师,才能创设出有活力的课程,从而育出有思想的儿童。

### 二、保育员由被动型向主动型转变

当下多数幼儿园的班级工作是由"两教一保"或"两教两保"组成。在以往教学中,大家认为教师对于课程实施存在决定性的作用,而保育员则仅是负责幼儿的保育工作,对于课程的推进则无关紧要。主配班老师与保育员之间的沟通也大多聚焦于幼儿的"吃喝拉撒",或是主导性地安排工作。久而久之,保育员有边缘化的趋势,他们在潜意识中认为自己的工作仅是打扫卫生、照顾幼儿、保障安全,不需要去了解课程的进程。因此导致了他们被动型地参与到班级事务中,对于幼儿"育"而不足。

虽然班内教师工作有侧重,但并非是完全割裂的。保育员的工作职责如同她们的称谓一样,既有"保"又有"育",蕴含着保中有教、教中有保,从而达到保教合一的目的。

在每个班级的班本化课程的实施中,单靠一人或二人之力是难以完成的,教师团队包括前勤、后勤都应积极配合,共同参与课程实施。那么如何调动保育员的积极性,让他们主动地参与到课程实施中来呢?

首先,发挥自身长处。如在"种植日记"的活动中,我们对于如何播种菜籽一筹莫展。正巧看到保育员去领了纱布，将菜籽包起来浸在水里。原来保育员曾经当过农民，有着丰富的种菜经验。当了解到保育员的特长，之后每当我们去种菜，都会请保育员介绍种菜的工具、方法，和观察菜生长的秘诀。两位教师缺乏种菜的经验，而会种菜的保育员则弥补了教师课程操作中的不足，带领孩子一同种菜。其实保育员的长处可能不仅于此，也许是能歌善舞，也许是巧手天工，也许是巧心妙思，这些都等待着教师们去发现。发挥保育员的长处，提升课程参与度，进而实现保育员的自我价值。

其次，提升幼儿指导的专业性。保育员应加强自身业务学习，提高其保教理论水平，提高保育员保教能力。同时应经常阅读教师的备课安排，了解一周安排和课程实施进度，了解如何配合教师的教育活动。从教师方面而言，应主动帮助保育员提高其配班的能力与水平，时常分享好的教学方法和新的教学思想，使其能在游戏、生活、教学活动中有效地与幼儿互动。当然，"三人行，必有我师焉"，鼓励保育员积极参与课程讨论，将他们对课程的理解、幼儿的观察，也作为课程实施的标准之一，让保育员的参与度进一步地提升。

最后，向家长宣传保育员的作用。根深蒂固的观念，家长以"保"要求保育员，而忽视了保育员"育"的价值体现。为了让家长了解保育员在课程中的重要性，我们时常向家长积极反馈保育员的工作。在"种植日记"活动中，我们拍摄了很多活动花絮、记录了很多幼儿与保育员的对话，让家长意识到孩子的学习推动者不仅仅是班中两位老师，还有平时照顾他们的保育员，家长感受到在保育员身上所学到的内容也是丰富多彩的。通过积极的反馈，保育员在家长中的认可度逐步提升，因此他们参与课程的积极性也会增加。

其实，班内的每一位老师都是课程实施的执行者，教师为保育员创造合作的空间，保育员逐渐从被动型向主动型转变，当保育员发挥了除去保育工作之外的优势，感受到自身的教育价值，他们自然而然会成为课程的实施者参与其中，成为教师的合作者。

### 三、自我提升，三位一体

班级教师是一个小团队，班级工作的每个环节都少不了其他教师的帮助与配合,除了日常教学外,幼儿的生活保育、一日常规,都是需要教师共同合作的。在课程实施中,教师之间需要共同把握本班幼儿的年龄特点,商讨幼儿的发展需要,观察幼儿的成长点滴,将这一切融入课程实施中,这样的课程才是有幼儿特色、有教师特色的课程。教师取长补短,在不同的领域发挥自己的所长,共事合作。当教师在一起合作时,课程突破的可能性往往会比教师在单独工作时的可能性高很多。通过合作,取他人之长,反思自我,从而推动教师自身的课程领导力的发展。

班本化课程的实施,强调作用于班级发展的所有力量都能集合在班本化课程的目标之下,使各种教育合力都能发挥积极作用。在这个过程中,教师的课程观、合作理念也在不断进化,自身的课程实施能力也在不断提高。教育并不是一件孤立的事情,教师在实施班本化课程时,应寻求一切利于班本化课程实施的合作者——配班教师,三位一体,合力前行,推动幼儿的成长,为幼儿营造一个广阔、自由发展的学习空间。

# 立体开发，灵活选用
## ——论课程实施中教师对资源的开发与利用

**闵治华**

课程的设计是班本课程建构的前期工作，指向教师的思考，课程的实施则是教师将自己的思考通过各种方式实现的动态过程，课程资源作为这一过程的要素之一，其重要性不言而喻。教育部基础教育司主编的《走进新课程——与课程实施者对话》一书中提及，课程资源的丰富性和适应性程度决定着课程目标的实现范围和实现水平；课程实施的范围和水平取决于课程资源的丰富程度和开发运用水平；课程资源的开发和利用对转变课程功能和学习方式具有重要意义。《幼儿园教育指导纲要（试行）》也明确指出，幼儿园应与家庭、社区密切合作，与小学相互衔接，综合利用各种教育资源，共同为幼儿的发展创造良好的条件。班本化课程作为一种非普适课程，因此在实施时更应从班级自身的实际出发，充分利用班级所拥有的各种课程资源来系统地构建自己的课程。

课程资源的概念有广义与狭义之分。广义的课程资源指有利于实现课程目标的各种因素，狭义的课程资源仅指形成课程的直接因素来源。幼儿园的课程资源可以概括为课程设计、实施和评价等整个幼儿园课程运作过程中可利用的一切人力、物力以及自然资源的总和。但并非所有资源都适合被运用为课程资源，需要教师慧眼识资源，识别资源与课程的适配性，将外部资源合理运用于课程之中。

所以作为课程的实施者，教师的素质状况就决定了课程资源的识别范围、开发与利用的程度以及发挥效益的水平。教师开发与利用课程资源的相关意识与能力决定了课程资源开发与利用的程度与水平，进而影响课程的有效实施。教师如果缺少这些意识，那么即使存在丰富的课程资源，他们也会"视而不见、听而不闻、用而不专"。

## 一、带着问题意识开发资源

在班本课程建构的过程中,教师会积极地寻找多方课程资源为课程服务,但是由于课程资源的丰富性,往往会忽略了对课程资源的分析,习惯于"拿来就用",一定程度上就会出现与课程实施动态过程不符的情况,使得课程资源使用效果不佳,影响了课程的实施效果,也造成了一定程度上的资源浪费。

教师在开发利用新的课程资源时,必须带着问题意识对其进行分析。

### 1. 目标适宜性分析

课程资源的使用是为了课程目标能有效达成,但是由于课程资源本身的多样性与多质性,不论是多种资源对同一课程目标,还是同一资源对多种课程目标,其产生的效果必然是不同的。所以,课程资源的利用必须在明确目标的前提下进行,要认真分析课程资源,认识和掌握其性质和特点,发现其与课程目标的各种联系,对与课程目标不符的性质进行整改,这样才能保证资源开发利用的有效性。

### 2. 个性分析

资源的开发利用本身就是一项极具创造性的活动,没有个性,也就会失去创造性,课程资源的应用就会流于机械和形式。资源是多层次的,但所有的课程资源最终都要落实到具体的班级,同样的资源,在不同的班级可能会产生不同的教育成效,对幼儿产生不同的作用。因为,班级中的教师、幼儿及其家长都是课程资源的开发者、创造者、使用者,其不同的个性决定了特定班级课程资源使用的差异。课程资源的利用应该先进行个性分析,当从实际出发,发挥班级特色、展示教师与幼儿的风格,扬长避短、扬长补短、突出个性。

### 3. 经济性分析

资源的利用要尽可能地使用最少的开支和精力,达到最理想的效果,包括空间、时间、开支等多方面,尽可能地利用那些最节省开支、对当前课程具有即时的现实意义、能就近取材的课程资源。

在班本课程"归园田居"的实施过程中,我找到了幼儿园仓库中闲置的种植盆,购置了种植土让幼儿进行种植活动,包括大蒜、葱和各类种子的播种，随着植物们的成长和幼儿自主收集的植物种子的到来，教室里的种植盆不够用了，我又用kt板自制了种植盆，还购置了几个种植箱来满足孩子们的播种需求，教室里的种植角几乎占据了窗边的半壁江山，造成了一定程度上的空间浪费。同时我发现在教室种植角所进行的播种活动远远满足不了幼儿感知生物的多样性和独特性，以及生长发育、繁殖和死亡的过程的需求。这样的一种资源利用是不经济的，开支大、教师要多费的精力多，还满足不了课程开展的需求，现有的课程资源开始出现问题了，这提醒着教师必须要改变了。教室的地理位置让我将目光锁定在了教室后门右手边的种植园地上，就近的位置显示了其空间的经济性，种植的特质有助于我们种植课程目标的达成，班级幼儿热爱自然、乐与尝试操作的个性以及教师在园艺种植上的特长都能够得以展示，这些都告诉着教师这是一个可以应用的课程资源。在分析资源特质的过程中，我也注意到了这一资源利用中的问题，种植园地是从建园开始就一直存在着的课程资源，却一直没有发挥其应有的作用，一直以来，种植园地里面的植物都是由绿化工或者生活老师等种植的，幼儿能做的就是观察植物或采摘果实用的，明明是优质的资源，却为什么没有得到好好的应用！因为其对于幼儿来说是存在缺陷的，种植园地中的土是黏土，不适合幼儿进行种植的实践活动，与资源使用者的个性不符既与幼儿的发展水平不相适应，便造成了优质资源的闲置，所以我发挥了自身的园艺特长，针对这一课程资源的缺陷进行整改，利用防腐木在园本的种植园地之上建起了苗床，使用松软的椰糠等无土栽培介质进行填充，幼儿用塑料小铲即可轻松地挖开，这样就可以将播种的各种蔬菜的幼苗移栽了，整个过程可以由幼儿直接操作多种多样的材料进行观察播种、栽培、施肥、浇水等活动以及观察植物生长的过程,直接地理解植物生命循环的过程。一次整改，不仅解决了我们课程推进中的燃眉之急，也将学校种植园地这一优质课程资源的实效性挖掘，让其真正地走入了课程实施的动态，与课程发生了联系，成为了真正可用的课程资源，效率得到了较大的提高。

脱离实际需求的资源利用，因为与使用者的个性、发展水平有一定的差距，幼儿不能高效地使用教师所准备的课程资源，那么其就失去了实效性，造成了资源利用的低效益。教师在课程资源的使用和优化过程中，一定要带着问题意识，在获得了课程资源之后和在使用过程中，必须对其进行分析，注重课程资源是否有针对性，是否与课程目标的要求相一致，是否与资源使用者的发展水平相一致，是否经济实用，是否能发挥教师个性与幼儿个性，如此才能收到良好的效果，将课程资源的使用价值最大化以及及时止损。

### 二、本着可持续意识选用资源

班本化课程的建构并非零散无序的，课程有其自身的系统性和逻辑性，缺乏系统性、逻辑性的班本课程往往难以真正促进幼儿核心经验的提升、促进其成长。班本化课程实施是需要基于教育目标，设计一系列相应的活动，同时渗透一日活动之中，绝非仅靠一次或几次的活动来实现目标。班本化课程的这一特性，就要求教师在开发利用课程资源的时候，要考虑到资源使用的可持续性与深入性，资源是否能够支持使用者进行一系列的探索、资源是否能够促进使用者的持续发展、资源是否能够为特定班级之外的其他人员提供效益等等，将资源开发与利用的程度以及发挥效益的水平最大化来服务与课程。

在开发整改和使用种植园地这一课程资源时，通过对园本课程的主题的梳理，我们发现在小、中、大三个年龄段的课程中都有涉及种植内容的主题，而幼儿的经验也在其中层层递进，螺旋上升的。我们开发并整改的种植园地这一资源是否能够支持我们进行深入研究？结合园本课程中各年龄段与种植有关的主题目标，我对这一资源进行了重新审视。

表3-2 园本课程小、中、大三个年龄段中有关种植的主题

| 小班"小花园" | 中班"在秋天里" | 中班"春天来了" | 大班"有用的植物" |
|---|---|---|---|
| ★喜欢观察周围的花草树木，有爱护它们的情感。<br>★重点关注：<br>观察周围的花草树木，发现它们的变化，喜欢春天的到来。 | ★感知秋天的季节特征，观察各种动植物的变化。<br>★了解秋季人们如何收获，乐意参加各种收获活动，体验丰收的喜悦。<br>★重点关注：<br>1. 喜欢秋天，乐意参加各种收获活动。<br>2. 了解农作物生长的基本过程以及与人们的关系，体会农民伯伯的辛苦，要爱惜粮食。 | ★了解春天是一个万物生长的季节，关注自然环境的不断变化。<br>★感受大自然美丽的景象，以各种方式表达自己的情感与体验。<br>★重点关注<br>1. 情感与态度方面<br>(1) 走进大自然，引发幼儿探索大自然的愿望。<br>(2) 亲近大自然，感受并喜欢美丽的春天。<br>2. 认知方面<br>(1) 重点观察各种动植物在春天到来后的变化，初步了解它们的生长规律。<br>(2) 积累适应季节变化的相关经验，增强自我保护的意识。 | ★认知方面<br>(1) 探索和发现周围生活中常见植物的一些基本特征和品种。<br>(2) 初步认识植物与人们生活的关系。<br>(3) 有了解植物的愿望，对养护教室里的植物角、幼儿园的种植园地感兴趣，初浅地了解一些种植、护理的简单方法，并能动手操作。<br>★情感与态度方面<br>(1) 感受植物与人们生活的密切关系，有了解、观察、探索、种植植物的愿望与兴趣。<br>(2) 初步的环保意识，懂得爱护周围的植物。<br>(3) 知道中药是我国的国粹之一，萌生自豪感。 |

我们的班本化种植课程是希望将种植作为一个持续的课程内容从园本课程中独立并加以整合拓展，让幼儿能在种植课程通过认知、操作来获得完整的种植经验。我发现种植园地的时候起始于在秋天里这一主题的开展，能够满足幼儿观察植物的变化、通过操作实践直接地理

解植物生命循环的过程。但是进入到后期主题如"春天来了"、"有用的植物"中，会涉及到植物的生产规律、温室、环保、与人们生活之间的关系等目标，种植园地目前是无法满足那些目标的达成的。这一资源是否能够进行再一次的改造优化以保证我们的课程持续系统地实施呢？答案自然是肯定的，在查阅了一些园艺资料和获得了后勤人员的保障支持之后，种植园地之上建起了用PVC管自制的温室、爬藤植物支架、蚯蚓管、防腐木制作的昆虫箱、堆肥箱等等，种植园地这一资源得到了进一步的优化，还起到了辐射作用。其他班级的幼儿在午后散步或其他时分总是会饶有兴趣地来参观愈发丰富的菜园，帮我们进行浇水等简单的护理工作，并且表示自己也很想来当一名"小农民"。种植园地收获了一些作物之后，在后勤的帮助下，我们又将生活领域融入到课程中来，制作韭菜饺子、洗菜摘菜等活动在区域活动中展开，农作物们出现在了我们自己的餐桌之上，幼儿的实践兴趣得到了推进，课程的持续进行得到了保障。

在课程实施过程中，教师本着可持续意识用资源，对课程资源始终保持敏感反应和认识，唤起内心对其进一步加工欲望与行动，使之成为课程持续实施的有力保障。

一切可能的课程资源都具有潜在价值，多种多样的课程资源为班本课程的实施提供了广阔的空间，这也要求教师必须能掌握课程资源，使自己不但能够选择出最合适的资源，也能决定最适合的时机、场所以及方式让幼儿去利用这些资源，这是教师实施执行力提升的重要途径之一。

# 发挥教师个人意志力，有效实施班本化课程

胡　颖

在班本化课程中，教师的实施执行过程不会是始终顺利的，背后支撑他们继续实施的原因是什么呢？换句话说，如果教师在执行过程中遇到了困难，他会通过什么方式加以解决？在本文中，我将着重从"个人意志力"这个心理学角度去重新观察教师的行为，从而理解教师在遇到困难时"个人意志力"对课程实施执行产生的积极、有效的作用。

"意志力"是心理学中的一个概念，指一个人自觉地确定目的，并根据目的来支配、调节自己的行动，克服各种困难，从而实现目的的品质。当人们擅于运用这一有益力量时，就会产生决心。在班本化课程实施执行过程中，如果我们把教师的行为从"个人意志力"角度去观察，可以从确定目标，支配行为，实现目的，三个方面逐步理解。"确定目标"是班本化课程内容选择的重要指向，将对课程设计内容本体产生影响；"支配行为"克服困难，会对课程内容实施效果产生影响；"实现目标"则是对课程价值的最终确定，对教师自身能力发展包括心理层面都会产生影响。因此，我们从"三个影响"来分析个人意志力对班本化课程的作用。

## 一、个人意志力对课程设计内容本体的影响

课程设计内容本体是由课程目标取向来逐步建立的，教师们可能觉得，"确定目标"只存在于课程实施执行之前。在班本化课程初期的设计生成时，我已经设计好了课程目标。然而"确定目标"我们首先就要有意识地去理解为"确定适宜目标"。

——适宜谁？适宜幼儿。

——适宜什么？适宜幼儿年龄特点、认知能力、兴趣需求。

只有达到这些"适宜"你的目标才能顺利进行下去，才会逐渐得到成功的收获，课程实施执行意志力也会更坚定。到了具体操作阶段，教师又会发现：一个大目标不可能从一个两个活动中去达成，因此，就会产生"分解目标"的需求。具化成教师的行为，表现在注重各种方法运用、教育教学策略、活动形式和手段等。需要将预设的大目标分解成各种小目标去达成。例如：有一种材料是发展幼儿动手能力的，有一节集体活动指向情感发展的，还有一次游戏主要观察幼儿的合作和当前认知情况……配合着这些小目标，我们才能从方法、策略、形式等各方面去开展课程。也就是说：教师要善于"分解目标"，既为自己即将进行的行为制定一个相对应的小目标，而不是笼统地用一个大目标去思考，这只能让你无从下手，你的决心也会由此逐渐瓦解。

例如，在大班"我们的城市"主题下的一个集体活动中，"爱上海的理由"成为了孩子们津津乐道的话题。活动快结束时，我随口问了一句："那不喜欢的理由呢？"孩子们略带惆怅地说："小区里乱七八糟的垃圾、灰蒙蒙的雾霾……"大班的幼儿对于城市污染已经感受深刻，我又何尝不是。我们的班本化课程"变废为宝"的生成就来源于教师和孩子的一个共鸣。我试着问孩子，这些垃圾从哪来？又到哪去了？孩子们的经验仅限于：垃圾都被扔到垃圾桶里，然后扔到外面的垃圾房里，最后被垃圾车运走，这也是孩子生活经验的真实体现。我决定从"垃圾去哪了？"作为问题，开展活动……

正如上述案例，班本化课程"变废为宝"的最初目标是想改善城市污染，那么作为一个幼儿园老师，和一群6岁的孩子，对于这么大一个全球性困难命题，能否达成这个目标？退一步思考，能做到什么程度？再退一步，孩子的当前认知、能力是什么？再从长远意义考虑，是否能增强幼儿环保意识，点滴美化我们的城市？如此，这个大目标的价值首先被确定，然后根据幼儿的当前能力、需求逐步化解成一个个小目标去完成。也就是说：教师需要有实时地确定、分解目标的能力，否则抱死一个大目标，你只能觉得无能为力。

如此，"分解目标""适宜目标"成为了教师在班本化课程实施执行过程中，个人意志力发挥强大作用的首要条件。它们就像指路的箭头，差之毫厘、谬以千里；它们能指明"有志者事竟成"的康庄大道，也能把人送入"不撞南墙心不死"的牛角尖。作为课程的实施者，教师要善于和同事、伙伴保持经常性的交流和沟通，遇到自己不理解的问题多询问，收集广泛的建议和意见，积极查阅书籍、文献、资料等内容，开拓眼界，丰富思维广度。作为课程监管者，应当在课程实施执行的过程中对教师、幼儿进行一些随机的访谈，了解课程实际进度，如有必要，进行早期的干预和指导。

## 二、个人意志力对课程内容实施的影响

从心理学角度而谈，意志力是一种精神力量，但从支配行为上分析，这种精神力量会产生不同的行为特点，有重复坚持性、尝试探究性、多样创新性等多种特点。放在班本化课程实施执行的过程中来看，当遇到困难或瓶颈时，意志力促使教师产生了一系列的行为，使得课程内容能顺利实施下去。

例如，考虑到材料的安全性和游戏的效率，我们对上百个原始材料进行了改装。将做花盆用的塑料瓶开口打洞；将做饰品用的贝壳钻孔上圈；将创作绘画用的纸盒衬底包边、自然材料挑选分类；将罐子清洗封口。我们实验了胶水、固体胶、双面胶、白胶选出了最适合孩子的粘合剂；我们尝试了各种品牌的颜料、油性笔、水彩笔，选出了最适合在果壳上作画的工具；采购了营养土、种子等辅助材料。我们的这些工作重复、繁琐却又必不可少，因为这都将是幼儿在游戏中遇

到的问题。 有了这样的准备，去除了幼儿游戏的干扰因素，提供了更多发挥的时间和空间，真正体验"变废为宝"的乐趣。

重复坚持性行为是最为常见的。正如上述案例中所提及的，教师在进行着"开口打洞""衬底包边""清洗封口"这些重复、繁琐行为，为什么教师要这么做？其实，此时教师的个人意志力目标便是"为幼儿去除游戏中的危险性"。所以，意志力支配着重复坚持行为的产生。这同样也说明了在课程实施执行阶段中，意志力目标在不停分解以更好地适宜当前的需求。如果意志力目标没有分解到当前的细节，那么幼儿很可能在游戏中被塑料瓶、易拉罐划伤，体验"变废为宝"的乐趣从何而言呢？

意志力支配行为的尝试探索性。尝试探索性行为，多用于对几种相同属性材料的实验和比对，以得出正确结论，或作为已有依据，支持幼儿在后续实验中的结果校验。在案例中，教师为了找出适合的粘合剂，选出适宜的作画工具，搜集多种材料进行操作实验，得出正确满意的结果后再决定提供给幼儿使用，这也是同样出自于"为幼儿除去干扰因素"的意志力目标所支配的行为。我们可以试想，如果教师缺少这个行为，幼儿创作的自然物拼贴作品不能牢固地粘贴，从而全部散落；果壳上的颜色模糊不清……体验"变废为宝"的乐趣又从何来呢？

意志力支配的行为特点丰富多样。教师在班本化课程实施的过程中也会比日常实施园本课程表现出更多的积极行为。除了上文提及的两种行为，教师还会加强自我的学习，利用资源组织开展各种形式的活动。例如，在做种植主题的教师会主动了解植物种植方法，邀请有经验的家长参与，联系社会资源参观农场，开展采摘活动等。我们通常会觉得，教师在班本化课程实施执行时非常主动具有活力，特别能克服困难，这些行为缺少不了个人意志力产生的积极作用。由此，课程内容才能高质量、高效率地进行实施执行。作为课程监管者，要对教师给予赋权，以开放的心态看待新事务和现象，从幼儿、教师、家长、社会多角度地评价课程。

### 三、个人意志力对教师能力的影响

教师个人意志力是教师素养的一部分，这种意志力的背后是一种精神，是园所文化在教师行为上的表现，是一种文化基因的影响，是教师对教育事业、对幼儿的爱，这种润物细无声的影响渗透在方方面面。个人意志力在面对逆境的时候更能发挥其对教师能力的影响。

#### （一）提升教师的知识、能力素养

教师的知识、能力素养包含很多方面，如：政治理论修养，精深的专业知识，广博的文化基础知识，必备的教育科学知识；语言表达能力，组织管理能力，组织教育和教学的能力，自我控制和自我反思的能力。在班本化课程的实施执行过程中有较多的体现，如：教师对各类知识的需求量远远大于园本课程，且很多时候都是即时的需求，所以，教师们经常会增加自我学习，教研组研讨活动。在组织管理上，从原来的集体教学形式分化成个别化学习、游戏、亲子活动等各种形式的渗透，如：亲子参与的活动不仅要和幼儿达成共识，和家长的沟通指导也成了教师需要考虑的问题，缺少这部分，原本幼儿主导的活动成了家长主导，不请家长参与，活动的安全有效性又得不到保障，教师的组织管理能力在实践执行中有了锻炼。

#### （二）发展教师的心理自我调节能力

从刚开始的摸索阶段到逐渐成熟、全园铺开、经验提升、专题小结，教师们面对遇到的种种问题，逐渐形成了自我调节的方法：

> 很多时候我觉得班本化课程进行不下去了，变化因素太多。有来自幼儿的：兴趣点下降、想法不切实际；有来自条件限制的：一下子找不到合适材料，时间空间限制；还有来自身的：跟我想的结果不太一样。每当这个时候，我都会先自我调节好情绪，看个电影，看本小

说放松下心情。

在我眼里，班本化活动的设计和实施是一个庞大又复杂的工程，我不确定自己能不能做好。但是，在实施的过程中，我发现只要积极主动寻求援助很多困难都能迎刃而解。我并不是一个人孤军奋战，我和同事、领导讨论，要时间要空间；我和搭班讨论，要合作要分工；我和家长讨论，要资源要义工；我和小朋友们讨论，要规则更要快乐；我们一起为活动做最充分的准备。我发现，在组织实施班本化活动的过程中，不仅孩子们更能干了，我也学会了寻找、利用、整合各类资源。

日本企业家、哲学家稻盛和夫的人生方程式是"人生结果＝能力×热情×思维方式"，他认为"能力是先天的，每个人相差不大，起决定作用的是热情与思维方式"。热情就是工作的干劲和努力程度。思维方式是"核心素质"的首席，它包含了积极的态度、持久的兴趣。其中积极的态度更为重要，它包含责任、进取心及抗挫力。要保持这种热情、积极和持久，教师们面对心理压力需要一系列的自我调节方法：

换位思考认同法：正确认知压力，灵活调整自己的心态。遇到认为不公平的生活事件或不协调的人际关系以及不愉快的情感体验时能换位思考。

顺其自然自我解脱法：学会自我放松，不追求十全十美。

注重过程淡化功利法：建立合理的、客观的自我期望值。奋斗目标要合理；做事向最好处努力。

更新环境自我调节法：在压力太大、心情不佳时可以变换一下环境。

音乐与生理保健法：各种声音通过耳朵被人感受，如他人的赞扬声、议论声、等都会影响你的心态，因此，可以多听一些优美的音乐，以缓解不愉快的心情。养成良好的生活与自我保健行为习惯极为重要。

自信自主激励法：即相信自己是最好的、最可以依赖的。你所承担的任务或你正在从事的工作,在你的心目中一定是最重要的。因此,千万不要与现实的工作和生活对抗,而是尽力保持平静的心情。

在班本化课程中,教师的实施执行过程不会是始终顺利的,遇到困难的时候,不要忘记使用我们自身灵活、强大的个人意志力来为自己加油!

# 第四章

## 深思后的再出发

——班本化课程建构中教师
课程反思评价力的提升

当我们回过头去反思和评价一个课程活动的时候,我们心中需要有一把尺。这把尺会告诉我们孩子们应获得怎样的发展,而我们的课程是否成为了他们发展最好的支持。在这把尺里,有儿童发展的科学规律,有课程实施的质量标准,有五花八门的内容形式,然而,除了这些,这把尺里应该更应包含教师的课程信念和追求,有孩子们真真切切的成长故事,有家长、社会对幼儿教育的殷殷希冀。

课程反思评价的核心在于两个方面,一是教师在课程实施过程中和完成后自觉地进行反思评价的意识和行动,二是教师运用反思和评价的结果来引发或改进新的班本化课程实施。班本化课程的实践对老师们反思和评价幼儿、课程提出了很大的挑战,她们也许不擅长各种统计分析、科学测量,但是她们对孩子们的记录朴素而温暖,她们对课程的思考真诚而切实,她们对家长和同伴的建议视若珍宝,对每个孩子的点滴进步如数家珍。

反思是为了积经验,评价是为了再出发。

在这一章里,有对于课程反思评价的理性思考,也有课程还不成熟但却充满温度的对反思评价的新探索,但是我们最终的目标始终不变,就是为孩子们的未来发展的不断地开展更好的课程。

# 班本化课程建构中家长参与课程评价的有效途径

**蔡春燕**

家长参与课程评价对于推动课程发展有着重要影响。但反观实践,家长参与课程评价的现状并不乐观。鉴于此,如何有效提高家长参与课程评价的积极性,以更好地发挥家长作为课程评价主体之一的作用,成为班本化课程建构,特别是班本化课程评价实践中的重要关注点。为此,教师们展开了一系列的实践探索。

## 一、基于共同课程愿景,提升家长参与课程评价的积极性

兴趣可以滋生动力,对于家长而言也是如此。引导家长参与课程评价,首当其冲要点燃家长参与评价的积极性。实践发现,家长对于开展课程的期待程度是关键影响因素。家长对于课程的期待程度,又被称为"共同课程愿景共筑"。如何通过构筑"共同课程愿景"来调动家长参与课程评价的积极性,可以从以下几方面着手推进。

### (一)沟通,构筑共同课程愿景的直接方式

在班本化课程实施之前,首先召开班级家委会,尊重家委会的优先知情权,以共商、共议的方式就班本化课程的构建由来、拟定实施方式、幼儿的预期发展等方面的内容进行沟通。此外,教师邀请家委会成员从个人期待、家庭教育需求等角度提出对该课程的看法,从而使班本化课程的建构能与幼儿生活经验、家庭教育经历有效融合、互为补充。例如,在班本化课程"做客"的家委会沟通协商会议上,家长提出当前家庭礼仪较为缺失,祖辈老人过于溺爱幼儿,希望班本化课程能够更多关注该方面内容等。家园间的双向沟通拉近了教师与家委

会的距离，紧接着，扩大沟通群体，召开班级家长会，从幼儿发展目标、本班幼儿特点、可持续发展等方面介绍即将开展的班本化课程，并请家委会就课程建构中对于家庭教育中祖辈的影响力与家长需要协助等方面进行介绍，特别强调了家长在该课程推进需要做的内容以及对于班级幼儿的作用等。总之，在课程开展前的家园有效沟通使得家长对幼儿发展的需求与幼儿园课程有效结合，从而通过家园合作构筑课程愿景，让幼儿发展看得见。

### （二）反馈，落实共同课程愿景的有效方式

如果说沟通起到点燃家长参与课程评价的积极性的作用，那如何提升家长参与课程评价的主动性，促使家长保持时时刻刻的关注和参与课程评价的积极性呢？及时、有效的反馈是落实、推进的另一重要方式。教师认真听取家长的不同评价，根据落实情况反馈给家长，对有效建议通过微信群、家长会等平台或场合给予肯定与表扬，对难以落实于实践的评价与家长进行进一步交谈，告知其不可行的原因或者提出相应的调整策略，使其成为家庭实施的内容并为家长提供相应教育实践尝试的分享机会。总之，教师应尊重、珍惜每一次家长参与评价后的反馈，做出回应，让家长认识到参与评价的意义，体验到参与后的满足感，从而乐意主动参与到评价中。

## 二、基于家长共同参与，搭建家长参与课程评价的平台

学者李雁冰在《课程评价论》一书中提到，课程评价，就是以一定的方法、途径、对课程的计划、活动以及结果等有关问题的价值或特点做出判断的过程。可见，只有家长通过身体力行的亲身参与，积累积极经验，感受到课程对于幼儿发展的意义，才能自愿、主动地加入到课程评价中来。

此外，由于家长的教育程度、职业背景、社会身份等方面存在个体差异性，相应地，家长参与课程评价的能力、对课程的期望以及参与课程评价的时间、精力等方面也存有差别。鉴于上述差异，家长通过创设多种参与平台，使不同背景的家长均能参与到课程评价中来。

### （一）正式评价

教师定期召开座谈会，邀请直接参与课程实践的家长就一阶段课程实施的

活动现状、效果等有关问题的价值或特点进行判断。面对面的对话式交流,使家长不仅感受到教师开展课程评价座谈会的真诚,而且从中体味到了教师的专业,进一步增进家长对教师、学校教育目标认同度。除了课程评价的座谈会,教师还开展了个别访谈,透过一对一对话式的评价拉近相互间的距离,让家长感受到被需要的满足感。

### (二)非正式评价

随着信息技术发展,微信、美篇、公众号评论等便捷的交互平台为家长随时随地参与评价提供了可能。特别是随着美篇等评论功能的完善,能自由地在评论区留下评价建议。家长不仅可以自由发表观点,留下自己的评价,更可以通过观看其他人员的评价引发相互间的学习、互动与更深思考,营造了良好的评价互动的氛围。评价平台的多通道、开放性,有力地保障了家长参与课程评价的积极性,满足了不同家长的参与需要。

### 三、基于课程改进优化,运用家长评价信息

待家长参与课程评价后,如何高效运用家长评价信息是持续推进课程改进优化的重中之重。那我们应当如何看待并使用这些评价信息才能让家长参与课程评价的价值体现出来?

### (一)再次对话,深入沟通

教师一般都能够看懂家长给予的评价信息,但家长出于何种目的提出的评价,其评价背后的思考以及他们的期望又是什么,教师未必都了解。基于此,教师在对家长评价信息整合、归类、分析后,选取有价值的评价,邀请评价者再次访谈,就评价者中涉及的建议,请家长从自身思考进行阐述。教师则从另一方面进行释义,从而就某一共性问题的不同思考点交换意见。实践发现,这样的再次对话更具有针对性,且达成一致后的效用更加凸显。例如在班本化课程《做客》中,家长提出"有必要请小主人家庭分享家庭做客前的准备工作、碰到的困难、小主人和家人解决困难的策略等,从而让去做客的幼儿了解主人的付出,形成共情,为之后做客中的礼仪体现打下情感铺垫"。对此,教师认同家长的建议,但也平等地提出了自己的顾虑,家长会对家庭形象有所顾虑,对此,家长提

议通过征询单的方式问询家长的接受度,发现大家都能理解并接受。再次对话,促使教师与家长的课程理念贴得更近,且引领家长的思考向着课程、向着幼儿靠得更近。

### (二) 集体判断,共同抉择

班本化课程建构不仅依赖班级幼儿,同时也依赖家长的认同与配合。面对家长的评价信息,教师不可人云亦云,更不可束之高阁。在再次对话之后,教师鼓励家长参与到对评价建议的判断中,形成集体判断。集体判断的出发点,也是集体判断的原则,强调基于课程落实、幼儿发展现状,从整体、大局出发,而不只是零散的个体感受。正如上文提及到的评价,家长与教师都认识到"晒劳动"的价值,是促成幼儿情感共鸣的有效途径与措施,且在"共情"积累中,能够迁移准备经验,形成家庭劳动示范、榜样示范。集体判断让家长实实在在参与到班本化课程建构的过程中,使其感受到被尊重、被重视的自豪感。

教师在引导家长参与课程评价每一个行动,都是教师课程领导力的体现。教师与家长的沟通、对话中,体现着教师的课程意识、理念,教师邀请家长参与评价、反馈、集体判断的过程体现着教师的课程设计、实践、反思评价的能力。因此,引导家长参与课程评价,也是教师课程领导力落地的有效体现。当家长完全投入到课程评价中,他们才能真正感受到班本化课程的力量以及教师的魅力。相应地,家长参与课程评价,更能推动班本课程的有效开展、幼儿的不断发展。

# 从被动走向主动
## ——幼儿参与幼儿园课程评价的实施途径

### 陈晓红

幼儿园课程评价作为幼儿园课程建设的重要组成部分之一,对于完善幼儿园课程及促进幼儿的发展的重要性不言而喻。"谁来评价,又如何评价?"则一直是幼儿园课程评价绕不开的话题。对此,《幼儿园教育指导纲要(试行)》中曾明确指出,管理人员、教师、幼儿及其家长均是幼儿园教育评价工作的参与者。评价过程是各方共同参与、相互支持与合作的过程。

由此可见,当前的幼儿园的课程评价强调"评价主体多元化",这也改变了以往幼儿园课程评价以管理者、教师为绝对主体的现象,开始转向多方声音的融合,幼儿也正在逐步实现着在幼儿园课程评价中从"被评价者"走向"主动参与评价"的角色转变。而在历时两年的"幼儿参与幼儿园班级环境创设"的班本化课程的过程中,幼儿成为幼儿园课程评价的主体在多次实践中成为可能。

### 一、回应、协商、共同建构,幼儿在幼儿园课程评价中的角色转变

英国学者费尔丁曾经提出过学生参与评价的四种水平:学生作为数据来源、学生作为积极反应者、学生作为共同研究者以及学生作为研究者。基于费尔丁的上述论述,随着幼儿参与评价的水平的逐步提高,幼儿在其中也正经历着从"被动参与"到"师幼共同参与"再到"幼儿主动评价"的角色转变的过程。而在班本化课程幼儿参与幼儿园班级环境创设中,幼儿从被动接受教师布置的班级环境转变为与教师一起参与再发展至自主协商、同伴合作创建班级环境,幼儿在其中的主体性、主导地位得到了很好的实现,这在一定程度上也为幼儿参与班本化课程评价提供了意识基础,即幼儿的主体性意识被逐步唤醒,幼儿

的主体性地位得到逐步实现,而唤醒幼儿主体性意识、实现幼儿评价角色转变的重要原则便是——"回应、协商、共同建构"。

"回应、协商、共同建构"源于20世纪八九十年代由评价专家库巴和林肯所提的"第四代评价理论",该理论提出了"回应—协商—共识"的建构型方法论,即主张在自然情境的状态下,评价者与评价利益相关者一起通过不断的论辩、协商来建构一种共同认识,而不是像传统评价那样坚持控制型方法论,将评价对象放在"被告"的位置上,不断去伪存真,将认识集中控制在真理的探求上。在幼儿参与班级环境创设的过程中,师幼在实践中践行着上述方法。

**回应,回应幼儿的质疑。**"幼儿参与班级环境创设"的班本化课程内容的提出,源于幼儿的质疑,一位幼儿在午后的自由时间提出,"为什么班级都要老师布置啊? 老师不允许我们贴贴纸,说不好看,可是老师不也是这里贴那里贴,教室到处都是嘛?"幼儿在言语中自发地评价当前班级环境布置的情况,且上述评价中更多是带有对教师、对班级环境现状的不满。于是,教师正面回应幼儿的评价,在组织师幼谈话、幼儿绘画表述等一系列活动中,鼓励幼儿评价当前的班级环境,表达自身的想法。

**协商,师幼平等协商。**在回应幼儿的质疑、幼儿的评价的基础上,师幼围绕"班级环境,我说了算"这个主题,在平等协商的基础上展开了一系列相关课程活动。例如,从一开始设想的中班幼儿参与整个班级环境创设到现实中幼儿因初次尝试、师幼彼此缺乏经验等众多实际困境,在屡屡碰壁的情况下,师幼在互相讲述自己所遇困难、对方存在问题的协商基础上,决定以小见大,从主题墙这一小区域着手,开始班级主题墙环境的师幼共同创设。

**共同建构,师幼共同参与。**评价的目的之一在于更好地完善课程,而幼儿参与评价的重要目的在于让幼儿有机会表达自己对自身所处世界的观点,有机会让教师听到幼儿的想法,从而更合理有效地支持幼儿、满足幼儿发展所需,从而促进课程的完善、幼儿的发展。因此,在幼儿表达观点、教师回应幼儿、师幼围绕评价内容共同协商的基础上,最为重要的便是共同建构。反映到实践中,便是中班时师幼共同创设主题墙,大班时幼儿小组合作共同创设角色游戏环境。

## 二、尊重幼儿的"一百种语言",幼儿参与幼儿园课程评价的多种方式

正如费尔丁所提及的四种幼儿评价的水平,幼儿从被评价者到最后的主动评价者,对幼儿的相关要求也是逐步提高,特别是最后一阶段——幼儿作为幼儿园课程评价的研究者,对幼儿而言,要求其完全独立地完成评价工作,其难度之大,可操作性、可行性也不高。因此,在幼儿参与班级环境创设的班本化课程实践中,师幼致力于摆脱幼儿仅作为数据提供者的现状,致力于让幼儿成为幼儿园课程评价的积极反应者与共同研究者。为此,我们主要采取了以下举措。

### (一)投票、选举,幼儿主体意识初萌发

投票,即每位幼儿各持一票,围绕某一中心议题,根据自己的意愿进行投选。其中,任何物品都可以被用作投票,例如雪花片、贴纸、玩具等,只要是满足幼儿人手一份且不会因其他因素影响幼儿即可。投票的目的在于萌发幼儿的主体意识、班级主人翁意识,让幼儿逐渐意识到自己作为班级一份子的权利,逐渐意识到自己有权利表达自己的观点的权利,如"你是班级的小主人,我们正在商量的都是我们班级的事情,由我们每一个人说了算,你是怎么想的就怎么投,这是你的本领哦"。投票的形式适合用于幼儿一开始参与幼儿园课程评价,让幼儿逐步开始积淀评价意识。

选举,即个别幼儿提出自己的观点,其余幼儿根据自己的意愿站队,例如在大班的"角色游戏,我说了算"的班本化课程实施中,幼儿根据需求成立了不同角色游戏区组,个别幼儿自荐准备了小组长竞选宣言,其余幼儿在倾听完每位竞选幼儿的表现后,作出自我的评价,选举出小组长并依据自身意愿进行组队。相较于投票形式,选举形式可以用于幼儿尝试了一定时间阶段的参与课程评价后。选举,在一定程度上,也是一种同伴互评。

### (二)绘画、对话,幼儿自我表达初尝试

绘画,即幼儿通过绘画的形式做出自我的评价、表达自己的观点。正所谓儿童有一百种语言,特别是对于小班等年龄段相对较小的幼儿而言,现有的语

言词汇的储备、语言表达能力等可能会局限其用语言做出自己的评价。例如，在大班上学期开始班本化课程之前，鼓励幼儿以主题绘画"我喜欢的……我不喜欢的……"的形式对当前的班级角色游戏环境做出评价，并鼓励幼儿在集体前与同伴分享自己的评价。实践证明，以作品为媒介，相较于纯语言表述，会让幼儿更有"画"可评。

对话，即师幼共同围绕某一课程内容进行对话式的评价，在评价的过程中，教师可以邀请幼儿围成圆圈而坐，这样便于幼儿在表述时可以看到每一位同伴，每一位同伴也可以看到正在讲述的幼儿，从而实现对话式的"眼神交流"。同时，选用一个幼儿喜欢的玩偶，便于幼儿可以边抱着玩偶边讲述，以缓解幼儿集体前讲述时的紧张、营造安全舒适的评价氛围。当然，考虑到班级中若有幼儿对毛绒玩偶过敏的现象，可用其他塑料玩偶等代替。例如，在大班每一次的小组合作制作角色区域游戏环境结束时进行一次对话，让幼儿对今天的创设经历做出评价。

### （三）幼儿自由区，幼儿参与评价更多元

所谓"自由区"，其实是指在教室独辟一个区域，提供幼儿可以自由拿取的各类纸张、画笔、录音笔及各类低结构材料（包括瓶盖、纽扣等），以便于幼儿在任何一个想要作出课程评价的时间都可以在此区域找到合适的材料。自由区有别于日常的艺术创作区，例如在幼儿参与班级环境创设的班本化课程中，教师就需要帮助幼儿逐步意识到这里是表达自己对班级环境的观点的区域，在这个区域，拍摄与班级环境有关的照片、用录音笔记录下自己对班级环境的评价或是改善班级环境的设想、用低结构材料搭建自己设想的某个班级区域等，都是被支持与肯定的。

总而言之，幼儿进行评价的形式不限，只要是符合幼儿年龄特点的，能够激发幼儿作出评价的即可。因此，支持幼儿参与评价，教师首先需要做的是便是为幼儿提供支持其表达自我、作出课程评价的环境，从言语上帮助幼儿建立主体、评价意识，从行动上提供画纸、画笔、照相机、录音笔等供幼儿表达自我、进行评价的物质材料。

### 三、源于评价但不止于课程,幼儿评价贯穿幼儿园课程实施全过程

一般而言,课程评价作为幼儿园课程的一部分,通常被安排在课程实施之后,即课程实施后展开一系列的课程评价,但是,幼儿评价却是贯穿幼儿园课程实施的全过程,幼儿参与评价,自始至终,贯穿其中,在课程设计之初即可开始,课程源于评价,但评价却不止于课程。

**评价在前**。在课程开始实施甚至是架构之前,邀请幼儿参与评价,可以听到幼儿关于某一话题更多的声音,也便于教师等其他课程设计者可以更清晰地捕捉到作为课程主体之一的幼儿的课程兴趣点、喜欢的课程开展形式等,甚至是幼儿对课程的质疑,例如上文所提及的幼儿对班级环境的质疑,也可以引发教师对课程现状的思考。

**评价在中**。在课程实施的过程中,幼儿作为最直接的课程参与者,有着更为丰富和切实的课程学习体验,这一阶段幼儿随时随地表达出的对于课程实施的观点都是其对课程的直接反馈,教师可以基于此展开一系列的符合幼儿兴趣、可供幼儿深入探究的生成性课程内容。

**评价在后**。某一主题或活动的结束并不意味着评价的结束,在活动结束阶段,幼儿的评价对于整个活动或是课程的回顾都可以更好地帮助成人、幼儿进行整体性回顾,也便于教师更好地了解幼儿的需求以完善课程。例如,在大班开展完"角色游戏,我说了算"的班本化课程之后,鼓励幼儿抱着自己设计的玩具材料进行一次对话,"聊一聊,在做班级游戏的小主人,在自己设计游戏环境、玩的所有事情,你印象最深的? 你最喜欢的? 你不喜欢的? 你觉得还可以更好的? ……"

贯穿全程的评价,旨在让幼儿的声音被听见,旨在更好地发挥评价的重要作用——让评价促进课程的完善。正如桑克森所提,即使是很小的幼儿对于幼儿园生活的重要方面也有着自己独特的想法、成熟的想法,而这些想法在一定程度上影响着幼儿的学习动机、情绪体验等。幼儿评价应成为课程决策者、实施者的重要决策基础,让幼儿在"回应、协商、共同建构"的安全评价氛围中参与评价,为幼儿提供投票、绘画、对话等一百种参与评价的"语言"形式,让幼儿的一百种评价之声被听见、被实施,让班本化课程真正实现班本化、幼儿所需化。

# 每每想起　篇篇精彩
## ——新媒体软件技术在儿童观察评价中的运用

施冰烨

在班本化课程开展的过程中,记录课程的实施进展、分享幼儿的表达表现、展现教师的教育智慧都是非常重要的,但要将这几件事同时落实好却要花费教师不少的时间和精力。在一次教研组的分享中,偶然发现了一个既便捷又高效的方法——"美篇"软件。利用软件中的背景画面与音乐等元素,让平凡的观察记录有了全新的创作之感,既能显现教师的智慧与用心,又能共享给幼儿、家长、同事,使更多群体共同参与课程的评价。

"美篇"新技术的运用,让教师乐于对孩子们进行观察与记录,和孩子们一起边"刷"美篇边回顾课程也成为班级幼儿参与课程评价的新形式。"美篇"不仅提升了教师观察记录的有效性,更促进了教师课程评价能力的发展。

### 一、自由编辑,优于传统

以往,教师在对幼儿进行观察记录时,往往会先以照片、录像、文字的形式记录下来,然后通过电脑再统整编辑在一起,成为一篇完整的观察记录。但是,幼儿教师工作的琐碎使得其常常难以在工作时间内完成观察记录的工作,因为用心地编辑照片和组织文字是比较消耗时间的,所以很多来不及完成的内容就不得不带回家。

但是,美篇自带的众多编辑模板,让教师爱上记录、爱上美篇的同时,也为教师节省了很多工作,使得教师能够更好地成为一个用心的记录者。

### (一) 个性模式,带动热情

第一次使用"美篇"编辑的时候,我发现里面有不少图文排版、背景模板和音乐元素等,配合主题我就选用充满秋意的背景色和舒缓的钢琴曲《秋日的私语》作为载体,做完之后自己看了一遍又一遍,比从前的"照片＋文字"式的观察记录生动许多,还能传递给大家美的感受……由此,它自由的编辑形式带动了我对孩子的行为观察记录的热情,成为了我日常对幼儿行为记录的好助手。

### (二) 优于图文,真实再现

图文形式是教师最为常用的观察记录方式,其中,照片可以说明幼儿在何时、何地开展了什么游戏,让教师为记录的内容提供了说明,但用了"美篇"之后,教师可以用一系列的照片或者是完整的录像来配上文字,全面地反映出某个活动情境发展的过程,这样真实情境的再现不仅为教师评价幼儿的发展提供依据,更保证了观察记录的客观性。

一般来说,以往的图文记录往往需要通过组织大量的文字来叙述事件的过程,很难做到不带一点主观性。因此,"美篇"这样一个集合图、影、声、文的理想的记录模式打破了以往记录的局限性,真实再现提升了教师的观察记录的质量。

### (三) 移动记录,提高效率

幼儿在活动中常常会有令人惊喜的表现或值得记录的行为表现,教师需要立即记录,以前我会在小本子上及时对这些信息进行记录,再找时间在电脑上做梳理。使用美篇后,我可以在午餐后、午睡时等碎片时间去完成一篇小小的幼儿观察评价,有时,我在回家路上就能完成对个别儿童的观察记录,将"美篇"链接分享给家长,展开家园交流,提高了工作效率。"美篇"移动记录的方式很好地体现了即时性和便利性的优点。

## 二、回顾活动,反思架构

教师客观的观察记录是评价幼儿发展的依据,这也意味着教师要经常回顾以前的活动,只有通过回顾、对比以往的观察记录才能够了解到幼儿的发展。

### (一) 便捷获取,频繁回顾

只要"扫一扫"文章所生成的二维码就可以随时翻阅,"美篇"这一便捷获取信息的优势,提高了教师对活动的回顾频率。每一次班本化活动在开展的过程中,我会经常点开我所做的记录,回顾幼儿在班本化活动中的点滴表达表现,每一次阅读总能"温故而知新",时常有一些新的发现,带来新的思考,让教师对整个课程的领域平衡和教育意义想得更全面。

### (二)案例生动,利于反思

在班本化课程开展的过程中,我一直都有撰写班本化活动案例的习惯,也积累了不少宝贵经验,但是因为这些文章大多以理论结合实践的文字内容为主,较为枯燥,所以大部分时间都只是在电脑中占据着内存,没有发挥出它们的价值。但"美篇"让我积累了不少生动案例,在这些案例的基础上,我有更为充裕的时间去反思回顾整个活动的架构,总结幼儿已经达到的水平,从而思考幼儿的发展需求,以跟进后续的活动。

同一篇文字可以进行多次编辑的功能,让教师在活动后有所思考,评价时也可以继续跟进、补充,及时记录下教师的教育灵感,分享教育智慧,也促进了教师素养的提升。

### 三、多方共享,共同评价

"美篇"不同于一般的观察记录,它可以非常便捷地转发给同事、家长,生动的照片、视频甚至还可以和幼儿一起来回顾阅读,多方共享的特性对之后的课程评价也起到了重要作用。

### (一)资源集合,教研探讨

班本化课程中总是会源源不断地产生新的案例,而幼儿园通过"美篇"为大家建立起的案例资源库成为了一个很好的互相学习评价的平台,它在一定程度上支持了教师的可持续性学习。例如,同样主题下的活动,"美篇"资源库里有所有班级的案例故事,包含了教师创设的班级环境、投放的材料、师幼互动内容、教师评价信息、家长反馈等丰富信息,为教师开拓了视野。

在教研活动时,教师只要点开其中的某一部分,大家一起"刷"手机就可以共同聚焦细节进行讨论,还能随时联系到上下文的内容,便于教师们深入互动探讨,从而对课程的价值、班级幼儿的发展进行有效评价。

## （二）点"赞"回复，家园默契

"美篇"的文章下方有评价的功能，改变了教师单方面向家长发送内容的形式，提供了一个可以互动交流的平台。即时的、直观明了的发布内容，让家长对我们的课程有一个清晰的了解，透过视频或图片还能与幼儿谈论他们在学校的生活、游戏，参与到幼儿的幼儿园生活中去。这样的形式获得了家长们的纷纷点赞和回复，家长们对班级活动的支持度都显著提高了，不少家长会在文章结尾对我们的课程提出自己的观点或主动分享幼儿在家时的表现与进步，成为我们后续对幼儿发展进行评价的有力依据。教师与家长以幼儿的发展为共同目标，相互配合，使我们的教育得到最大的成效。

## （三）儿童视角，开拓思路

以和幼儿在共同回顾"美篇"时的谈话为依据，再根据所积累的资料来设计和调整课程计划网络图，可以使课程真正回归到"儿童视角"，在倾听中我们感受儿童内心世界，再以儿童的兴趣为主导继续探寻课程……孩子们的童言稚语总是带着大大的道理和我们成人所没有的智慧，他们的话语总能给我们开拓教育思路。

而幼儿作为课程内容的一部分，可以回顾反思，参与评价也可以体现我们对幼儿的尊重，这样的尊重会带给幼儿一份内心的力量，产生自信、坚毅的品格，这对他一生都是有益的。

类似"美篇"的软件，有很多，这里主要从新媒体软件的角度来强调教师要终身学习，挖掘帮助自己记录课堂的有力工具。使用"美篇"已有两年，它让我养成了勤记录反思的习惯，这不但提升了我在幼儿观察评价方面的能力，更关注将课程从"成人视角"转换为"儿童视角"。利用"美篇"让同事、家长、幼儿共同参与讨论更让我们的课程得到了非常全面的评价，对后续班本化课程的开展实践起到了重要作用。

# 浅谈已有评价工具在班本化课程中的使用

俞 瑾

在开展班本化课程、对教师课程领导力进行评价的过程中，"教师课程领导力评价指标"[①]作为一个评价标准，对于一线教师来说意味着什么呢？教师在实践中又该如何运用呢？

## 一、初见"教师课程领导力评价指标"，困难重重

### （一）不懂不用

工作不久的青年教师，看到"教师课程领导力评价指标"中各种类别的第一反应是"看不懂，不想看"。

工作繁忙的成熟型教师，看到"教师课程领导力评价指标"中密密麻麻文字的第一反应是"太多，不想看"。

简单看了些指标条目的教师，觉得内容空泛、差不多，是文字游戏。

因为看不懂，不理解，因此很多教师不会主动使用"教师课程领导力评价指标"。

### （二）打分时用

"教师课程领导力评价指标"作为一个评价指标，部分教师会在一个课程结束后或者期末，对照指标粗略地打个分，作为给领导看的"期末作业"。

教师们初见"教师课程领导力评价指标"时的普遍问题，在一定程度上反映了教师并未真正将"教师课程领导力评价指标"落于实处，并没有真正发挥该标准本应有的价值。

---

① 引用自上海市教育委员会教研室主编的《幼儿园，课程领导力在生长》，详见本书附录 1。——编者注。

## 二、再见"教师课程领导力评价指标",理解要点

"教师课程领导力评价指标"真的只是教师们初见时的感觉吗？答案显然不是。细读该标准,发现其内涵丰富、理念前瞻、指导性强。

"教师课程领导力评价指标"涵盖三级指标、三个水平等级、三个检测方式。通俗点说,三级指标就是"看什么",三个水平等级就是"怎么看",三个检测方式就是"从哪看"。

### (一) 看什么——看关键词

以"教师课程领导力评价指标"第一条为例,一级指标是"K1 课程思想力",二级指标是"K11 思想前瞻","K12 愿景认同"和"K13 文化现代"三级指标略,详见附录 1,显而易见"幼儿发展"是其中的关键词,而这就是要"看的内容"。

### (二) 怎么看——看差异

仍以"教师课程领导力评价指标"第一条为例。水平 1——"班级课程和活动以教师为中心,缺乏以课程支持和促进和支持幼儿发展的认识和行为";水平 3——"班级课程和活动开展根据幼儿发展一般需求和年龄特点,力求对班级大部分幼儿发展具有积极作";水平 5——"班级课程与各类活动以支持和促进班级每一个幼儿发展为导向,接纳和积极关注幼儿的差异,关注幼儿素养、能力、态度等长远发展"。

### (三) 从哪看——

从横向看,三个水平之间层层递进。水平 1 与水平 3 及水平 5 的差异在于水平 1 以教师为中心,而水平 3 和水平 5 都以幼儿为中心。水平 3 与水平 5 的差异在于水平 3 是关注幼儿一般需求和大部分幼儿的发展,水平 5 关注每一个幼儿的长远发展。

从纵向看,水平 1 表述中出现频率较多的是"缺乏""忽视""不"等否定性词汇,以及"个人""主班教师"等个体词汇。水平 5 表述中出现频率较多的是"关注幼儿""主动""共同参与"等积极性词汇,体现了多方协作对课程领导力的作用。

## 三、使用"教师课程领导力评价指标",多种效用

在开展班本化课程的过程中,"教师课程领导力评价指标"是作为什么载体

被使用,又是怎么使用的呢?

### (一)课程结束后,当作评价工具用于打分

一看到该标准的标题,教师就会把它作为评价工具来使用,在期末或者一个班本化课程结束的时候拿出来打分。既对整个班本化课程做个自我评价,同时,又借此机会,对已经开展的班本化课程进行一个系统性的回顾,在评价反思中促发展。班本化课程究竟做的怎么样,只有班级教师自己最清楚。教师用此标准内心的打分和过程中的自我反思价值,远远大于给他人看的价值。

### (二)课程开始前,当作指南用于指导方向

俗话说"站得高,看得远",在班本化课程计划制定前,就认真学习"教师课程领导力评价指标",用水平 5 的等级标准来指导方向,启发以前没有想到的点,明确这个即将诞生的班本化课程究竟要做什么,发展方向是怎样的。

例如,在设计班本化课程"I Love Bct"前,教师看到在"课程思想力"这一点上,"班级课程愿景与目标由教师、保育员、家长、幼儿等参与讨论共同提出,与幼儿园课程愿景和目标有密切内在关联,并表现在班级的日常课程实践和环境、制度、氛围中"。其中,"班级课程愿景与幼儿园课程愿景和目标有密切内在关联"这句话,给了教师很大启发。冰厂田幼儿园以"关爱身边人,分享周围事,笑对成长路"为教育理念。而对于初入园的小班幼儿来说,教师的目标是希望幼儿能喜欢幼儿园,熟悉幼儿园里的人、事、场所,内向胆小的幼儿能开朗大方,尽快找到好朋友。保育员的目标是希望幼儿能好好吃饭、好好睡觉,习惯幼儿园里饮食起居。家长的期望是幼儿能尽快笑着去幼儿园、喜欢老师、适应幼儿园生活。幼儿的期望是了解幼儿园里好玩的地方、老师喜欢我、我有好朋友等。虽然各方都有自己的愿景,但是大方向都与我园的教育理念一致,因此,就应运而生了班本化课程目标"乐于参加集体活动,体验幼儿园生活的快乐,能够遵守简单的集体规则。尝试用合适的方式与同伴以及老师交往,表达自己的需要与情感"。

又如,两个班级共同设想"户外游戏"这个班本化课程时,既有分开实施过程,又有混班实施过程,教师希望这个班本化课程除了游戏,能带给幼儿更多。"教师课程领导力评价指标"给了教师启发。在"课程设计力"指标中提到,"班

级课程和活动的计划、过程尊重和适度挑战教师能力,激发教师主动发挥自身优势、挖掘潜能""尊重和适度挑战教师能力""发挥自身优势、挖掘潜能"。这些语句深深打动着教师,班本化课程的设计,不仅仅考虑幼儿发展,也要考虑教师的特长和能力。因此教师结合两个班级四位老师的特长,分别设计了两个班各自的课程目标。

> 擅长科学探索教师班的课程目标:
>
> 1. 能在户外游戏和日常生活中发现问题,喜欢寻求问题答案,并尝试用多种方法解决问题。
>
> 2. 愿意亲近自然,喜欢收集探索自然物。
>
> 3. 能在户外游戏中大胆表现自己的想法,用多种方式实现自己的想法,并能自信分享户外游戏中的快乐。
>
> 擅长艺术创想教师班的课程目标:
>
> 1. 能按自己的想法设计游戏。对游戏内容的确定、材料的使用以及游戏中同伴的分工与合作。
>
> 2. 有初步的想法。对游戏中碰到的问题和困难,具有一定的思考和解决能力。对艺术具有一定的敏感性,能从多方面感知、发现周围生活中的美,并愿意用多种方式和途径表现自己的感受和体验,有创造美的意愿和能力。

有了"教师课程领导力评价指标"的指导作用,两个班设计的班本化课程方案,在分开实施课程时特色彰显,在混班实施时教师优势互补。

**(三)课程进行中,当作辅助工具用于反思**

在班本化课程进行过程中,教师会经常把"教师课程领导力评价指标"拿出来比对已经做过的事,反思目标是否合理、过程是否达到预期效果、有什么问题、问题出在哪、有没有更好的解决方法和发展方向等。查遗补缺,不断调整和改进班本化课程的目标和实施过程。

例如,在实施班本化课程"I Love Bct"时,教师发现原定的课程目标,是根据小班幼儿的一般需求和年龄特点制定的,对班中大部分幼儿以及那些内向幼儿的发展有积极作用,处于水平3。而忽略了另一部分原本已经很快适应幼儿园生活、并能主动积极参与活动、喜欢与人交往的那部分外向热情的幼儿的发展需求。离水平5中促进每一个幼儿发展和关注长远发展还有一些差距。因此,又调整了课程目标,利用幼儿园的资源,把熟悉本部门幼儿园场所和人,拓展到初步了解中大班部哥哥姐姐的幼儿园,愿意接受他们的交往,参与他们的活动。

综上所述,"教师课程领导力评价指标"的使用贯穿于整个班本化课程过程中,就像一根强有力的弹簧,当教师"自我感觉太好"时,引导教师静下心来反思评价;当教师茫然不知所措时,帮助教师理清思路。此外,有时又像一把多通道的梯子,不断引领教师看到更高的天空,指引教师向更好的方向发展。

# 在班本化课程中搜集评价信息的实践探究

**黄 艳**

课程评价作为课程中的重要部分之一,可以是依据客观事实做出基于评价者个体直觉或经验的模糊的日常评价,也可以是强调证据性判断的系统多向的专业评价。简单来说,教育评价是在寻找"数据"的基础上给出实证性的价值判断。班本化课程中的教育评价亦是如此。在评价班本化课程时,需要通过测量型的量化手段或是通过观察、访谈等非量化手段获得班本化课程中的各种数量属性,进而处理、分析这些"数据",并在量与质的记述的基础上,即事实判断的基础上做出价值判断,形成一个关于班本化课程的相对完整的评价。

## 一、何为"班本化课程中搜集评价信息"

在班本化课程评价中,既需要体现评价者的价值观,又不能忽略被评价者的价值观,班本化课程评价必须关心所有参与者,特别是儿童的需要,包括肢体动作发展的需要,情绪情感表达的需要,社会化交往移情的需要等,并结合班本化课程具体活动,对班本化课程,即评价方案做出调整。如此,评价结果才能真正产生效用,实现班本化课程的教育评价的价值。

这一点与应答评价模式所追求的核心理念不谋而言。应答评价模式是由美国教育学家斯塔克(R. E. Stake)提出。他认为,传统的评价方法一般都带有预定的性质,强调目标的表述和客观的测验,由评价者掌握评价标准,难以察觉儿童在与教师和其他同伴接触中获得的收益。而应答评价模式强调关注被评价对象的真实需要,就应答评价,斯塔克提出了 12 个在评价过程中不断重复出现的时间,亦称"斯塔克时钟",并由此提出了"评价教育方案的信息搜集示意

图"。从中可以看出,评价信息的搜集是经常的、重要的事件,具体运用在班本化课程中,则表现为:

"意图",是指班本化课程实施的目标、预定的材料、环境等,诚如班本化课程"爱,在幼儿园"所提出的,入园是幼儿成长的第一个社会化发展的"分水岭",它不仅是个体生存发展的需要,也是社会发展的需要。"入园"对于幼儿发展的真正价值与意义,需要教师站在科学理论的高度,从"心理建设"工程的角度出发,以小班社会性情感发展为基点,用专业支持幼儿和家长"爱上幼儿园"。

"观察",则是与意图对应的、实际可观察到的状态、行为,材料和实际环境,以及活动。因此,在班本化课程中,将观察定位在"情感主体",是班本化课程架构、实施、受益的第一人;"情感依托",是班本化课程展开、落实、回归的载体;"情感归属",是班本化课程开启、呈现、终结的灵魂与主线脉。

## 二、在班本化课程中搜集评价信息的方法

教育评价信息的搜集,是评价者运用科学的方法,系统地、全面地和准确地搜集评价信息,这些信息和评价标准将作为进一步对被评价对象进行分析、判断的主要依据。因此,在班本化课程中搜集评价信息,应在明确需要什么样的信息,到哪里搜集信息的基础上,有依据地确定信息的数量,以此选择搜集信息的具体方法。

### (一)实践与评价信息的搜集

鉴于九月初小班幼儿入园,精细动作发育及口头语言表达发展还并不完善,故由"询问家长反馈幼儿在园情况"改为"幼儿自己动手操作实践"——涂鸦、撕贴、拓印等多种形式"烧"出了他们心目中幼儿园最喜欢的一道饭菜或是点心,以此获取第一手素材资料,从"幼儿园的饭菜有没有让孩子尝到'外婆菜'的味道,找到家的感觉"入手,作为推测幼儿是否爱上幼儿园及评价班本化课程是否有效的依据之一;并将所搜集的作品素材进行统计,由此发现"孩子在幼儿园吃到的最喜欢的最有家的味道和感觉的饭菜又是哪一道",通过一手资料了解不同幼儿饮食喜好来便于和幼儿交流及对日后生活午餐等方面的保育护理,进一步检验幼儿爱上幼儿园的推测结果及评价班本化课程本内容选取的价值

和效度。

## （二）幼儿社会性交往测量技术图与评价信息的搜集

小班幼儿虽处于"独自游戏"水平，但同伴关系是他们进入集体生活后需要面对的第一种社会交往关系。以"交到新朋友"的活动作为评价信息搜集的依据，考虑到小班幼儿短时记忆的特点，可能说不全或说不清同伴姓名，因此将"说出姓名"改为用"给自己最喜欢的朋友的照片上贴笑脸"的方式记录下自己最要好的三个朋友；再对信息进行"同伴提名法"统计，并在此基础上借助"幼儿社会性交往测量技术图"进行绘制，从而不仅从数据上对每个幼儿的社会交往作定量分析，也能够从关系图中对幼儿交往状态、发展情况作定性分析。诸如，对个别"零关注"幼儿的反思如下：一是，出现"零关注"幼儿的原因是什么？二是，如何借助班本化课程改善或打破"零关注"幼儿的交往现状，为日后幼儿社会性发展做出及时有效的关注。

## 三、在班本化课程中搜集评价信息的用途

教育评价必须是基于证据的，以实证的态度面对班本化课程中的问题与结果。对搜集到的全面的令人信服的评价信息，做出分析、解读、判断和评价。以班本化课程"爱，在幼儿园"为例，基于小班社会性情感发展的班本化课程，其评价不得不思考以下四个问题。

### （一）回归起点：依据什么来评价

在进行班本化课程"爱，在幼儿园"之际，曾对其框架、目标等有进行过预设、分析与定位。当时，将班本化课程目标定位于分享、传递身边的真、善、美，并结合冰厂田幼儿园的园所文化发展理念进行解读。

表4-1　班本化课程"爱，在幼儿园"的目标定位

| 班本化课程目标 | 分享、传递身边的真、善、美 | | |
|---|---|---|---|
| 班本化课程目标的解读 | 分享周围事 | 有一双发现美的眼睛。 | 观察周围，并与同伴、家人及其他人大胆分享周围发生的事情，学着接纳。 |
| | 关爱身边人 | 有一颗关爱人的心灵。 | 关爱他人，并乐意用力所能及的方法帮助他人，学着爱与被爱。 |

| 班本化课程目标 | 分享、传递身边的真、善、美 | | |
|---|---|---|---|
| | 笑对成长路 | 有一种敢担当的精神。 | 不怕困难,并能用一份豁达的心态面对成长道路上的人、事、物,学着乐观。 |
| 班本化课程目标的发展价值的解读 | 认知与技能 | 在全心投入各项活动中能多元化地看待事物。 | |
| | 过程与方法 | 在面对各种状况中能运用最适恰的方法协调。 | |
| | 情感与态度 | 学着并保有一种良好的心境,大气为人的智慧。 | |

### (二)角色定位:由谁来评价

三者皆为评价主体,在班本化课程中各有其责。幼儿是班本化课程开展的参与者,是主体;家长是班本化课程开展的协助者,是技术支持;教师是班本化课程开展的推进者,适时进行判断和给予微调。

表4-2　班本化课程"爱,在幼儿园"中的参与人员一览表

| 班本化课程参与人员 | | 参与人员的可能体现的作用 | |
|---|---|---|---|
| 幼儿 | 发展主体与主体发展 | 既是班本化课程发展的主体,也是主体自身发展的需求。 | 班本化课程共同体 |
| 教师 | 推动发展 | 创设、提供、观察、等待,在推动班本化课程的行进时实现幼儿主体自主发展。 | |
| 家长 | 协助发展 | 资源(人力资源:自身资源——文化资源、性别资源、职业资源等;物力资源——媒介资源、设备资源、材料资源)提供、辅助、参与,共同创设和谐的成长环境与营造优质的教育氛围,协助促进幼儿个体与群体发展。 | |

### (三)对班本化课程的评价反思:评价是否科学

**反思评价的科学性**。以科学的儿童心理发展理论中的学习论为出发点,对班本化课程提出的缘由、价值、做法以及现阶段实施情况做出极其科学准确的反思评价,理论为实践奠定了科学的基础。

**反思评价的逻辑性**。目前已进行和将进行的化作具体的内容,来展现和实现班本化课程的实质内容,并进行相对严谨的反思评价,实践为理论做出最真切的诠释。

**反思评价的有效性**。班本化课程就像一次小型的科学研究运动，正因为有了持之以恒的日积月累，才能得以"顺理成章"，且在开展中能够水到渠成，对日后幼儿学习方式和学习思维有所突破。

一个班本化课程能够实现准确、到位、有效的实施执行，特别值得需要注意的是评价信息的搜集与处理。引用数理统计学科，评价是建立在参数估计、检验假设、预测这三个步骤之上，并在经历时间之后才能够做出的在一定范围内的陈述。班本化课程或许只是一种手段，以评价推进幼儿的发展才是学前教育工作者最初及最终的目标。

# 第五章

## 始终与伙伴同行

——班本化课程建构中的
教研变革

教研,作为幼儿园课程研究和教师专业发展最重要的平台,我们从不怀疑它的价值和作用。但在班本化课程的实践中,却给教研带来了很大的问题。首先,教研的关键是教师的共鸣,当每个班级都投身于自己班级的课程实践,班级之间各有不同,要引起她们之间的共鸣,何尝容易?其次,教研的目的是解决问题,可是各家有各家的不同问题,先解决谁的好?最后,教研的引领要靠组长,可现在每个班都在经历不同的课程历程,组长又如何在没有共同经历的情况下去引领研讨?

我们本以为班本化课程实践会对团队教研的重要性带来冲击,但事实证明,我们不但没有减弱彼此间的联系,反而更加珍惜每一次聆听别班课程故事的机会,珍惜每一次团队之间的碰撞,珍惜每一次能够和伙伴分享自己的经历和困惑的机会。因为,我们不是没有共鸣,我们的共鸣是从一样的课程内容变成了一样的对幼儿发展的关注;我们不是要争着先解决自己的问题,而是从别人的问题解决中去思考和积累自己的经验;我们不是因为不同就彼此割裂,而是更迫切地想要分享我们的经历,得到同伴的建议,从而使我们的课程走得更好。

班本化课程所带来的挑战是教研改革的契机。只有当班本化课程的发言权回归了每班教师自己,教研组才不再变成经验教师的"一言堂";只有当每个人都怀踹着想把自己的课程实践得更好的愿景,平等而民主地"分享、讨论、学习",才能在教研中真正实现;只有当组长去真切地了解每个班级每位老师的实践经历和切实需求,才能让她成为一名更好的教研组织者和掌舵人。

接下去的这一章中,我们不会看到很多教研组建设的大道理,但是却能从一个个小小的案例中看到组长和组员们在新的磨合的过程中的变化和成长。

# 发现班本化课程中的"完美"与"不完美"
## ——以教师课程需求为中心的教研

**沈祎冰**

教师在建构班本化课程的同时会遇到各种状况，教研组需要为教师们提供分享、解惑、交流、探讨的平台，如何开展以教师课程需求为中心的教研活动，从而给予教师在开展课程实施中有力的支撑？除了专业上支持，教师还需要什么样的帮助来应对课程模式上的转变？

无论我们想为教师做任何事情，我们首先要知道教师们需要什么。接下来就让我们从"甜甜点心"这个教研案例来窥探老师们内心的变化，了解班本化课程在教师们心中的模样，以及教研活动如何成为一面明镜，帮助教师看清楚、想清楚、做清楚自己的班本化课程。

### 发现一：不见完美　只见适合

小班初期，小班老师铆足了劲儿想让幼儿们尽快适应新环境，已有班本化课程"甜甜的"因为关注分离焦虑默契地成为各小班的首选，各班的来园生活活动"甜甜点心"则成为来园的重要环节，而每班教师做法各不相同。这些不同做法背后藏着各班教师怎样的思考？我们通过教研组活动呈现了四个班级的"甜甜点心"视频片段，并请老师谈了各自实施之后的感受。

● **小一班周老师**：我们班的"甜甜点心"活动基本沿用了之前"甜甜的"课程包中的做法，但根据座位的摆放提供一些标识。原因在于我们班的幼儿对周围环境很敏感，经常会问"这是什么？"所以我利用幼儿们的好奇心增加了一些标识，想让他们在喜爱的活动中尝试自己解决困惑，所以做了微调。但也有个困惑就是独立包装的点心量有些大，一包对小班幼儿来说吃不完怎么办。

● **组长有感**：我们很高兴看到教师们对已有的课程做出班本化的调整，特别是基于本班幼儿的特点，老师对幼儿的关注和了解，已然在课程实施中体现。还能在教研组提出自己的困惑。

● **小二班缪老师**：我们的罐子和食物都做了调整，罐子的选择多种多样，可以让幼儿尝试不同打开的方法，另外还有一些辅助工具，如夹子与镊子。食物的选择上我们挑选了干果和坚果，除了考虑营养的均衡，也是帮助幼儿扩宽认知经验，原来甜甜的东西不只是饼干和糖果。

● **组长有感**：教师在材料投放上对已有课程内容有了优化和丰富，思考点也拓展到了幼儿手部肌肉发展、营养摄取均衡及认知经验的拓展。

● **小三班林老师**：我先追踪一名幼儿完整的来园"甜甜点心"，然后再记录整体幼儿，其中有一名情绪不是非常稳定的幼儿，我特别做了记录，虽然来园时他在哭泣，但当我问他好吃吗？他还是说好吃，说明这个点心形式还是很受幼儿欢迎的。另外在独立包装点心量的问题上，我会问幼儿"太多了怎么办？"幼儿会主动分享给同伴，希望可以通过这个方式增进他们的情感，同伴逐步熟悉了也是帮助他们减缓分离焦虑的方法。

● **组长有感**：班本化课程的实施促使教师们对课程实施情况有观察有反思，去捕捉各种信息并积极寻找对策，并依据幼儿当前发展需求和课程目标去判断策略的适切性，以保证课程的顺利开展。

● **小四班郭老师**：我们班级整个教室布局因为没有独立餐厅和之前三个班级都不同，我们摆放了长桌，既做隔断又能将点心呈现给幼儿，因为游戏区和生活区在一个大空间，所以幼儿之间的互动特别多，点心气氛热闹和融洽。幼儿在选择点心时，我们特别提供小贴纸，让幼儿可以在自己喜爱的点心的罐子上做标记，也可以作为我们后阶段提供点心的依据。

● **组长有感：**教师在环境创设和材料投放上除了根据已有情况做班本化的调整之外，还对后续活动做了思考与部署，我们也惊喜地发现教师在课程中的各种做法都是想知道幼儿的需要什么。

与以往总是"基于问题出发"的教研不同，在班本化课程的教研组研讨中，经常可以看到教师们对生动的案例侃侃而谈，畅谈各自的想法和做法，不断显示"自己嘚瑟的地方"。除了这份底气与自信来自真实的感受与思考之外，这也与教研组为教师们的课程创新实践提供的分享平台有关，让大家一同欣赏理念与行动一致的表现，帮助教师展示自己、回顾和反思班本化课程的实施过程中的"小成就"，激发行动愿望，提升教师自身的价值感和满足感。

就像案例中所看到的，大家选择同一个主题内容，实施同一个生活环节，但却呈现出各种不同的做法，我们允许各种"有道理"的做法，也很难评价哪种做法是最完美的，但我们可以感受到教师在努力接近自己班级幼儿的切实需要，去寻找最合适的做法。

### 发现二：追求完美　促发思考

但在教师们展现"小成就"，得到"小满足"，不纠结"小完美"之后，如何让班本化课程的研讨不仅仅只停留在满足教师"秀"自己的层面？这难道仅是小班组老师们的分享会吗？组里的其他老师又会有什么想法？

**倪老师：**我觉得小班组的几位老师的执行力非常强，在组织和实施课程活动的过程中充满主动性和积极性，能够根据班级幼儿的特点及问题调整课程内容，不断优化课程，例如：小一班幼儿的好奇好问可以作为创设环境的依据。

孙老师：我也有同感，比较打动我的是老师在介绍中提到前一天的点心情况，然后第二天根据这个情况再进行调整，说明老师眼睛里有幼儿，实施中有跟进观察再调整，这样的思路可能是我们班本化课程进行中不可缺少的。

宋老师：我也觉得几位老师介绍时的一些思路我们可以借鉴，虽然只是一个生活环节，但对环境创设的每个细节以及观察指导幼儿的要求都是思考在前，例如对桌子的分类、对罐子和辅助材料的提供、对选取点心的要求等等，对幼儿的发展都有一定影响。

陈老师：还有老师的确是要花更多的时间和方法去了解个体幼儿，正视每位幼儿的不同表现，才能真正做到课程的班本化，就像小三班的林老师对某一幼儿的录像使用了追踪拍摄的方式，这对幼儿个体的了解非常有帮助。

……

小班老师们分享的案例做法可能对其他年龄段老师并没有太多借鉴意义，因为中大班的幼儿和老师们不太可能再遇到分离焦虑的问题，但这样的分享内容能让其他年龄段的老师获得什么？除了表现出自己欣赏的态度之外，我们发现老师们开始从关注"学具体做法"到"学思路方法"。

班本化课程本身具有班级唯一性，就算是同一内容，课程的实施时间、方式、手段等都可能不同，教研组活动就无法像以往一样围绕某个具体问题展开研讨解决问题。但正因为这样"百花齐放"的做法反而打开教师们的思路，教师们会思考具体做法背后隐含的深意，如："为什么要这么做？""这么做的好处是什么？""她关注的这点是不是我所缺失的？"可能这样一个细小的点更能触动教师自我反思，帮助教师更新和转变的是理念和观念上的变化，引发的是后续一系列更具实效的做法。只有教师思考力的提升,才能带动设计力、实施力、甚至反思力,才能让班本化课程更加接近完美。

### 发现三:虽不完美 更具挑战

但事实上,在班本化课程实施过程中,在我们心中那个"完美"之前总有一个"不"字挡道,不想看见却不得不见。这样的"不完美"老师们会如何面对?

组长:既然大家都非常关注小班幼儿的情绪问题,我们就来看看这四个班级幼儿在"甜甜点心"里的情绪状态都一样吗? 如果不一样主要的原因会是什么?

周老师:小四班的生生互动和师幼互动更多,有种畅所欲言的感觉,所以感觉小四班幼儿的情绪更为愉悦,其他三个班级好像幼儿情绪都很平静,还有哭泣。

江老师:特别是小四班幼儿的行为更为丰富,还有幼儿之间的互相帮助、给喜欢的点心贴贴纸等。

组长:那我们分析一下是造成班级之间差别的原因是什么?

石老师:小四班的视频中幼儿的人数比较多,看上去比较热闹,因为他们的餐厅和教室是连在一起的。

组长:幼儿人数的多少会影响什么?

杨老师:生生互动发生的几率,人数太少幼儿之间无法互动,无法传递愉悦的情绪。

刘老师:而且人多容易分散幼儿注意力不容易分离焦虑,但是幼儿人数太多的话老师会照顾不过来。

赵老师:一般来说不会有这种情况,因为点心是流动的,幼儿就会离开做其他事情,但刚开始吃点心的时候人太少的确会有冷清的感觉,幼儿容易陷入独处的低落情绪。

组长：可以怎么解决点心人数较少的问题？

金老师：我觉得太冷清的话可以放一些优美的背景音乐。

周老师：稍微晚一些开始点心，设定一个最低人数，不要以时间为标准，例如来满5位幼儿我们再开始点心，让幼儿可以有互动的机会。

……

去发现"不完美"是教研组活动的责任之一。教师们知道可能在班本化课程实施中存在种种"不完美"，寻找和修正就是自身课程领导力提升的过程，因为教师有时和幼儿一样，只有在充满多元和冲突的环境中才会有新经验的建构。在教研组这个平台上，对专业问题的研讨教师们无私、无畏、无忌，因为寻找"不完美"充满思辨的乐趣和挑战的勇气，是检视、是启发、是接纳，更是让我们在追求"完美"的班本化课程道路上迈出了大大的一步，更是体现教师们迎接挑战、接纳建议的勇气。

班本化课程对于教师来说，是少有人走的路。在路上，有蜿蜒曲折、有高低起伏、有绚丽灿烂的美景，也有阻挡风光的山石，但无论如何，能走上这条路的教师都是勇敢的，还有那敞开胸怀剖析自我的勇气。让我们继续沿途欣赏美景、共同分享、互相搀扶，在这一路上能够领略更多更美的风光。

# 基于课程愿景打造课程领导共同体
## ——浅谈 PDCA 科学思维方式在教研中的使用

张叶敏

一个教研团队是不是一个"专业共同体",就看这个团队中是否大部分成员都把"领导"看成自己的职责,愿意为团队的共同愿景奉献自己的思想和行动。我们的教研愿景始终是依托这个平台提升教师的专业水平,通过以班级为基点的课程建设,让幼儿在量身定制的课程中获得发展。

经过近两年的课程实践,从"为什么要做以班级为基点的课程"到"怎么做",从试点班到全面铺开,越来越多的教师认同课程的转变,会主动聚焦班级幼儿的发展需要,思考课程选点,推进课程实施。但由于教师的教学经验、能力水平、主观能动性等各不相同,课程的意识决策、设计实施和反思评价力也都处于不同的发展水平。教师在发展的同时,教研的形式也在不断更新,特别是在接触到 PDCA("P"即"plan",指课程计划;"D"即"do",指课程实践;"C"即"check",指反思与调整;"A"即"action",指课程实施)的思维方式后,我们尝试在教研中分享,并在组织交流使用效果的过程中不断促发教师思维变革,打造课程领导共同体。

这里的课程领导共同体指能主动思考,相互影响,互为引领的课程实践团队!

### 一、"Plan":制定课程计划,提升课程自主意识

### (一)教研准备

收集各班以班级为基点的课程计划,判断选择,预约 plan 分享者

**分享者:**

邵老师:在小区的一次集市活动中邂逅了《如果我是一本书》,把这本书带到了教室的阅读角,发现孩子们对这个长长的故事很有兴趣,于是就萌发了围绕这本书设计课程的想法。正是有了这个想法后,尝试用气泡图的方式架构的主题框架,将预设的"分享制作我的一本书"、"印刷义卖我们的一本书"以及它们下面的系列活动罗列了出来。当然随着活动的推进气泡会有加减,目前的框架中包含了根据当前我班幼儿的兴趣点设计的活动和计划拓展的一些活动。

李老师:我们想做的是"玩转扑克",主题的生成是受大二班"乒乓大不同"和大三班"真不是盖的"课程选点中乒乓和盖子的启发,我们问自己:"还有什么是适合大班孩子的? 我们班的孩子喜欢和需要什么?"基于这种思考选择了扑克这个对象。大家看我们的"玩转"由个别学习性区角的活动和由扑克引发的集体活动两大块组成。预想从个别学习性区角活动开始,进而在对幼儿的观察中设计开发数领域等集体活动。

杨老师:我和搭班都是年轻教师,我们不谋而合地选择了小班部开发设计的"圆圆的"的课程。因为之前部门间的分享中吉老师的科学活动、张老师的体育游戏等设计都很吸引我们,"圆圆的"这个课程也很适合我们班的孩子。当然我们也有一些自己的想法,我们想把它放在园本课程"小司机"开展时平行实施,因为我们班男孩多,孩子们又都喜欢小汽车,车轮滚滚圆又圆,会在小班部的"圆圆的"基础上加入我们的"圆圆"。

### (二) 互动交流

说一个启发、给一个建议。

**对预约分享和互动交流的思考:**

1. 共同点——幼儿视角

邵老师:发现孩子们对这本书很有兴趣。

李老师:扑克这个元素很适合我们班的孩子。

杨老师:"圆圆的"已有活动我班会喜欢。

2. 计划呈现各具特点

中二班:气泡图的使用一目了然地呈现了课程框架。

大一班：从问题和幼儿的年龄特点出发，表格式的呈现＋留白，体现问题驱动的思考角度。

小二班：从班本化到班本化，清晰呈现教师对"为什么用？""还准备怎么用？"的思考。

3. 互动交流中开启教师课程意识

只有真正参与到教研话题中才能开启个体教师的课程意识，在"说一个启发"的交流中，教师们达成共识：我们计划和设计的是顺应孩子需要的课程；问题驱动，有利于帮助我们理清为什么做；计划可以有思维导图、表格、文本等多种方式；留白提醒我们始终追随幼儿。"给一个建议"让教师置身于一个课程中，主动聚焦不同年龄段幼儿的需要；思考计划的角度、资源的开发与利用等问题。

## 二、"Do"：课程实施，互为启发、互为影响

**教研方式**：现场观摩＋跟进教研

### （一）现场观摩

大班 3 个班级——"真不是盖的"、"乒乓大不同"、"玩转扑克"课程背景下个别学习性区角活动的观摩。

中一班——"怡然自阅"课程背景下"亲爱的动物园"、"帽子商店"教学活动观摩。

### （二）跟进教研，引发思考

进入"do"的话题，活动前加入了"走现场"的环节。我们觉得只有走入现场才能看到课程中的孩子，才能对课程有更直观的感受和评价。

过程中选择了分年龄段的观摩方式，在大班个别化专场中，每位教师带着包含"主题目标"和"我的观察和思考"的观摩表走入现场。在跟进的教研中"自主"、"开放"、"专注"、"愉悦"、"融合"等词汇多次出现在教师们的观察分享中，教师们发现软木盖、大小饮料盖、薯片盖、周转箱盖……孩子们触手可及的各种盖子和"动物大世界"的主题以及各领域的活动可以那么好的融合；教师们发现扑克除了和数领域活动相结合，还可以融入不同的主题……聚焦幼儿，用心实

践,幼儿在活动中专注探究学习的同时也给了我们启发和思考。

中班的教学活动专场后,我们倾听了两位教师对"怡然自阅"主题选择和设计的思考,"阅读是很多班级都常态开展的活动,课程推进之初我们问自己合适吗? 要做吗? 回答是要,因为我们班孩子表达表现方面的发展比较薄弱,"怡然自阅"的开展无疑是培养幼儿语言表达等的最好途径。""在主题框架搭建后,我们按计划实施,就像今天大家看到的两个活动就是在"在动物园里"主题中开展,两个都是偏重思维推理的活动。选择和设计这两个活动是因为它们不但能在绘本的情境中激发每个孩子参与活动的兴趣,激发主动思考、主动表达,还能有初步的团队合作的萌芽……"教学现场和教师的分享中我们看到了两个课程的主动实施者,她们不但将"阅"融入了一日活动的寻常时刻,还结合不同主题开发绘本教学,她们的实践给平行班老师和各年龄段老师都带去了影响和启迪。

### 三、"Check":反思与调整,儿童视角的思维变革

鼓励教师积极建设以班级为基点的课程,是因为我们发现随着园本课程的不断完善,教师们依赖课程、演绎课程的越来越多。久而久之教师对班级幼儿需要的观察识别少了,教师的专业主动性和自主性弱了。因此,在推进以班级为基点的课程建设时、在教研中,我们注重激发教师的主动思考,鼓励教师聚焦孩子们的兴趣的需要,行动中及时反思与调整。

**教研方法:** 问题一刻、课程评价专场

**(一) 关于问题一刻**

"问题一刻"是每次教研活动的固有环节,我们约定每位教师一学期中至少分享两次课程设计、实施、评价时遇到的困惑与问题,分享一次课程中发现和解决问题的有效案例。

"我们的困惑与问题"让老师们更具问题意识,提问教师带着问题而来,她们的提问本身带着个体的思考。同伴的答疑解惑不但让提问教师收获策略方法,也激发团队教师主动思辨和解决问题的能力。

"我们的反思与调整"的环节供教师分享课程推进过程中较为有效的反思

和调整案例,分享这样的反思和及时的调整给课程、给孩子带来的变化。例如,大一班老师和我们分享了在"玩转扑克"的课程架构中,老师预设了结合不同主题结合扑克设计的不同的个别学习性区角活动的内容。将扑克融入到各领域、各区角中。实践中发现,教师的预设从一开始带给孩子探究兴趣,慢慢地步入了和主题相容的困惑和瓶颈。教师反思扑克牌本身是探索一种材料的价值,不一定要和主题相融,更多的要倾向于探索材料本身的价值,有意而为的设计不一定会孩子喜欢和感兴趣的。之后教师及时调整,回归课程原点,思考幼儿年龄特点、需要,以及扑克的特质,在保留幼儿感兴趣的个别化材料的基础上,拓展了来园"和爸爸妈妈玩扑克"等内容。走出瓶颈,扑克牌又一次受到了孩子和家长的欢迎。

### (二) 关于课程评价

课程评价这件事对于很多教师来说觉得有难度,教师在为什么做评价、怎么做评价、可选用什么评价工具等方面都存在困惑,拥有主动评价意识和能力的教师少之又少。为此,在开展以班级为基点的课程建设的过程中,在教研的开展的过程中,我们设立了课程评价专场。

专场中我们共同思考课程开展的出发点是什么?评价的出发点和落脚点是什么?"是孩子""是孩子有无收获发展,收获了哪些发展"。在理清思路的基础上,我们分年龄段围绕某一班的课程共同设计评价方案,在主讲的交流过程中彼此间收获了评价设计、评价开展、评价分析的方法和策略。

### 四、"Action":课程实施,课程愿景持续发酵

孩子在心,课程随行。以班级为基点的课程建设的初衷是为了唤醒教师的课程设计意识、教师的主动实施意识、教师的反思评价意识。在教研研培的过程中,教师们愈发理解"随行"的意义和内涵,一日活动皆课程,课程隐含在一日活动的方方面面,我们的课程实施也应该是包括一日活动的各个环节。因此,预设计划中的课程,我们高效实施;随机发生的课程,我们及时捕捉,机智实施。

所以,就有了班本化课程"乒乓大不同"和园本课程"我们的城市"并行开展过程中,"探访海洋水族馆"的出游。所以,也有了中班"在秋天"主题背景下,

"哦,叶"的二级分支……"随行"不仅仅表现在既定的班本课程中,更时刻出现在寻常环节中。

以班级为基点的课程建设中,我们收获了一群有教育主动性和教育智慧的教师。"孩子在心,课程随行"的理念已在植根教师心底,教研中"PDCA"的思维方式让教师们立足原有的专业水平,始终追随幼儿的兴趣和需要构建班本课程。后续,我们将继续为着共同的愿景,提升教师的专业水平,夯实课程领导力。

# 让年轻教师"力所能及"

## ——以教研联动为抓手,关注教师最近发展区

### 刘怀菁

作为幼儿园众多项目分层组中的一组,2—3年分层教研组聚集了一批年轻活力、善思善学、充满干劲、教龄为2—3年的青年教师。面对"班本化课程",这些入职不久的"教师新人们"经常会询问:"只有2—3年教龄的老师,真的可以成功开展班本化课程吗?"相应地,如何为该教龄段的教师提供专业支持,如何寻找到这一年龄段教师的最近发展区促使其专业的提高,也成为本分层教研组的重要内容。为此,本项目分层组进行了如下尝试。

### 一、开展教师团队诊断,发现教师的优势与不足

#### (一)优势:资源意识与行动能力相对强

实践发现,相比于教龄较长的老教师,这群刚从学院毕业的新教师,往往怀揣着较为先进的教育理念,怀揣着对幼儿教师这份职业的热情,怀揣着对教育工作的强烈投入意愿。反映到实践中则表现为:第一,敢于创新,用于落实。年轻教师对社会热点有着敏锐的观察力,她们的思维方式也创新多元。所以当班本化课程开始不久,"BCT网络故事电台""陶醉上海""科学小达人"等一系列新颖且有趣的原创课程,在年轻教师和班级幼儿的共同架构中,显露雏形。第二,巧用媒介,善用资源。在实施过程中,教师有意识地借助运用各种媒体平台,充分挖掘社会、社区及家长等多方面的资源,根据班本化课程的需要,综合统整各种资源,为班本化课程的开展奠定了丰富的资源基础。

#### (二)不足:课程设计与实施能力待提高

青年教师在具有上述优势的同时,其在教学水平上的不足也在班本化课程

的开展过程中逐渐显现出来,主要表现为缺乏足够的教育教学经验,在对幼儿年龄特点的认知上也存有欠缺等。正如项目组在邀请青年教师就班本化活动的开展互动研讨时,曾有年轻教师提及到,"对新教师来说,我觉得最难的就是在班本化课程开展的过程中要一直保持幼儿的兴趣。因为班本化课程是源于幼儿的兴趣而动态发展起来的,但是,新教师由于教龄比较短,往往缺乏各类教学活动的经验,在保持幼儿的兴趣方面也缺乏相应的经验,不知道该如何设计和实施,好像做了很多事情,但是离幼儿似乎很远,根本不是幼儿的'菜'"。因此,对于年轻教师而言,虽有热情有兴趣,但缺乏必要的专业能力和专业底气。

此外,在课程实施中年轻教师表现得更为倾向于设计低结构的活动,例如在校园里开展打击乐系列巡演、邀请家长参与开展小社团等等。但是,对于结构相对较高的课堂教学活动有兴趣但缺乏信心,不敢轻易尝试设计高结构的班本化活动。同时,因为班本化课程强调以班级为单位,班班不同,所以青年教师在活动设计中缺少参考标准,这在一定程度上导致青年教师对高结构的班本课程"望而却步"。

### 二、探寻有效教研手段,促使教研活动更具针对性

基于对2—3项目组教师在班本化课程构建过程中的优势与不足等方面的分析,促进青年教师课程设计能力与课程实施能力的提高成为本分层项目组工作中的重中之重。因此,2—3项目分层组将该教龄段教师在实践中表现出的共同不足——"高结构的班本化活动的设计与实施"作为重点关注内容。为此,本项目分层组以更具针对性的教研手段为抓手,展开了一系列的实践尝试。

#### (一)追随兴趣,激发动力——确立以班本化活动中的高结构活动为研究点

根据本项目分层组青年教师的兴趣和困惑所在,将教研内容聚焦到班本化课程中的一节教学活动。通过同课异构等形式,让组内所有教师聚焦同一个教学活动,以点带面,以具体活动为例,帮助教师梳理活动中所反映的幼儿的年龄特点与学科特点等,在互动讨论中共同设计并开展对幼儿有一定挑战的集体教学活动。与此同时,在多次试教或多位教师共同开展该学习活动的过程中促使

教师不断学习、实践、反思，不断提升自身专业水平，在实践中逐步优化教学方式，以积累更多的有效课堂教学策略。

**（二）取长补短，提升能力——深入剖析班本化课程中的优秀的高结构活动**

除了上文提及到的"同课异构"，课例分析也是本项目分层组帮助教师成长的一种教研形式。课例分析强调青年教师在同伴讨论、观摩现场活动、与活动设计者共同探讨等过程中，就多个课例进行深入剖析和反思，从而更短时、高效地汲取优秀教师、优秀课例中的有益经验。总之，深入剖析优秀的班本化活动中的集体教学活动，不仅能使组内年轻教师更直观、具体地习得优化集体教学的方法和策略，而且能够在组内同伴的共同交流中实现"头脑风暴"，以收获不一样的经验，取长补短，快速有效地提升自己的能力。

**（三）身边案例，教研联动——在聚焦成功案例的过程中提炼共同要素**

分层项目组的划分初衷旨在将相同教龄或是相同学科兴趣的教师聚焦在一起，以展开更具针对性的、有效的教研活动，但"分层"并不意味着"闭门造车"，相反，必要的教研联动更能促进不同层级项目组之间的沟通，特别是对2—3年分层项目组中的青年教师而言，能够有机会参与到更高层次、水平的项目组中更是非常有必要的。

为此，2—3年项目组邀请4—6年项目组内的教师开展了一个高结构的学习活动的现场，本组内教师在观摩现场活动、同伴分享感悟等过程中寻找到自身的差距和今后努力的方向。正如一位组员提及到，"喜欢李老师在班本化分享中做的介绍，如何在高结构活动中观察幼儿，从而更有效地推动班本化进程。反思我自己，可能观察得不够细致，以至于没有发现幼儿产生的问题，设计的环节也较为平铺，这块与李老师差距还是很大的"。观摩的目的在于通过身边具体真实的案例，让青年教师发现优秀教师在设计和实施课程这一过程中的有益经验、有效教育教学方法，从而明晰自身的不足与差距，继而明确自身需要进步的方向。总之，在观摩之后，组员在评价该教学活动精彩之处的同时，更重要的是，能够有机会促使青年教师更深层次地审视自己在班本化课程中对高结构活动设计与实施的能力，从而反观自己在创生活动中的不足和差距。

### 三、教研活动多项并举，有效把握教师的最近发展区

#### （一）关注教师最近发展区，教研内容及手段符合组员需求

在观摩、聆听教龄与自己相近"学姐"的教学活动与相应教学设计中，2—3年青年教师不仅看到了优秀教师在班本化课程设计与实施过程中应具备的素质、关注的细节。同时，也意识到了自己的实际发展水平与不足，并且也意识到了前者与后者之间存在的距离，这段距离即教师潜在的发展水平。因此，关注青年教师的最近发展区，提供更适宜的教研内容和方式以充分满足 2—3 年青年教师的共性需求，使教师乐于教研。教师去做他们能够明白的和力所能及的事情，这也许是促进我组青年教师专业成长的途径之一。教师也有"最近发展区"，能够让教师"跳一跳才能采到果子"的研讨、培训才是有效的。

#### （二）激发教师的自我反思，帮助教师寻找到适合的"镜子"

在以往的教研联动中，一般会邀请名师、骨干教师作为嘉宾对象，这也导致受培训的较少产生一定的思维惯性，即只有骨干教师才是最权威的教师。而在这次的教研联动中，青年教师惊喜地发现，比自己教龄多一点，想法多一点的4—6 年项目组教师，就犹如下一阶段自身发展区的镜子，这位本项目组成员看到下一阶段发展提供了可能性。

总之，分层教研组关注于本组 2—3 年青年教师的动态发展，尊重青年教师的原有基础，和现有的最近发展区，以教师在教育教学实践中所遇到的真实问题为研究对象，在不断的教研中反思自我，让这群青年教师在"力所能力"中成就更好的自己。

# 团队引领，推动教师领导力的发展

**施佳慧**

经过多个学期班本化课程的实践，每位教师都在"班本化课程"这一道路上积极探索，每个班级都精心策划和实施属于自己特色的班本化课程。教师们按照为幼儿"量身定做"的课程有声有色地带领幼儿们走过每一段"旅途"，并和他们一起享受"旅途"中的每一份精彩。班本化课程的开展过程其实也是教师和幼儿共同成长的过程。

## 一、共同学习与思考——提高教师意识决策力的捷径

班本化课程研究初期，我们以幼儿园研究重点"园本课程与班本化课程关系的处理"为主线，结合阳光课程对课程组织形式、课程内容选择等进行完善和调整。这对于组内不同发展阶段的教师来说，显然是具有不同挑战难度的。那么，如何"平衡"这一难度呢？

一方面，借助年级组会议，抛出问题，由"幼儿园的课程包括什么？你对班本化课程的实施是如何理解的？"让教师们结合自身经验谈谈自己的理解，针对每位教师的理解，进行关键词的提炼总结，并在思维的碰撞中达成共识，让教师们正确认识到了实施班本化课程的目标与意义。

另一方面，年级组会在活动中分享一些班本化课程实施中积累的优秀案例，让不同发展阶段的教师可以基于自己的能力与班级情况进行选择。新教师可以学习较成熟的案例，进行尝试，并在过程中加以调整；青年教师可以对课程进行比较和优化，并根据幼儿的表现和反应及时调整、积累；成熟型教师则可以"打破自己的舒适区"，从案例中发散思维，尝试开展新的主题或课程。如：中

一班"好吃的食物"班本化课程，打破了原来的主题框架，根据幼儿的关注点和发展需要，重新以"中、西、日"式的美食，结合购买、制作及用餐礼仪的渗透，以品尝为线索，联系起整个主题。中二班沿用上一学期，同部门教师实践的"在秋天里"班本化课程，加以对自己班级幼儿的观察和分析，踏实地开展活动。中三班充分地利用家长资源，延续上一学期家长课堂的做法，并在此基础上有了更好的经验提升，受到了广大家长的好评。园本课程乃至班本化课程不仅要做的是制定计划、设计方案、实施课程内容，它更是我们在教育过程中产生的教育情境以及与幼儿互动的过程和结果。园本课程的优化、班本化课程的设计都需要独立设计课程的能力和条件，但由于现实能力条件与之存在的差距，往往力不从心，所以组内成员们更可以通过这样的年级组活动，吸取众长，互相扶持，从而使每位教师都有能力开发、建立并完善具有班级特色的班本化课程。

### 二、个性交流与探讨——推动教师实施执行力的保障

教师是课程的组织者，是幼儿学习的促进者和支持者。在活动中，教师要观察幼儿，了解幼儿，根据幼儿的兴趣设计生成课程、实施课程。经过一段时间班本化课程的实践，设计的内容是否具体可操作性，是否真正符合班级幼儿的发展需要，就要通过教师们在实践中不断反思，来加以验证和完善。围绕幼儿园的项目研究，教师在班级中积极尝试班本化课程的设计与实施，结合幼儿的兴趣、时事，挖掘幼儿园以外的资源，例如社区资源、家长资源来开展活动。虽说班本化课程是个性化的存在，但并不代表只能是班级教师的"闭门造车"。集体是力量的源泉，众人是智慧的摇篮。年级组就是这样一个"众人拾柴火焰高"的地方。

在班本化课程开展得津津有味的同时，也给教师们带来很多困惑，或者是一些瓶颈。所谓"当局者迷，旁观者清"，这时候，年级组这个交流平台就显得尤为重要。在以班本化课程的实施为主要研究内容的年级组活动中，我们会定期开展交流、探讨活动，说说在实施过程中出人意料的惊喜，或是意料之外的问题。在组员们互相交流时，我们有时会发现教师在课程实施过程中还未充分发挥其应有的角色，在理念与实践间也有一定差距；我们有时会因为同伴的一句

"无心之语"，走出自己的迷思，激发出智慧的火花……针对出现的各种情况，教师们会更深入地进行讨论，你一言，我一句，对每个问题认真地进行思考、分析、归纳、总结，为接下来的具体实施确定更准确的方向。通过年级组活动，教师对班本化课程的意义及运作方式有了进一步的理解，更会在实施过程中不断提升能力。

这些年级组活动内容的设定，要缘起于年级组计划的制定，我认为提高教师的教研能力也是年级组工作的重点之一。作为年级组长，我认识到：要开展教研活动，首先要让教师获得最新的教育理念和理论，同时开展丰富多样的教研学习活动，让教师们感受到新型的学习方式，从而调动大家参加教研活动的主动性，并且教研活动的内容应为教师的实践提供支持与帮助，符合教师的现实需要。因此在年级组活动中，我将"如何将教研更加有效"的话题抛给大家，并结合大家的想法开展年级组活动，尽量使每位教师都有一展所长的机会。在主题活动的开展中，我们充分发挥集体备课的作用，对共同主题、重点主题相关的园本课程都进行了深入的探讨研究。在主题开展前，我们通过讨论分析主题核心经验、梳理主题课程脉络来交流各班主题课程架构，分享预设主题的经验。在主题进行中或结束后，我们还会通过一些活动，对园本课程进行分析反思，找出课程中的不足之处加以调整修改。教师们通过这样的形式吸取平行班的长处，反思自己的不足，为以后开展主题活动积累经验。我们注重班与班之间的交流与总结，通过年级组活动，把经验与大家分享、切磋，使大家在不断的学习中共同进步、提高。

### 三、集体实践与分享——反映教师反思评价力的契机

多个学期班本化课程的实践，积累了不少的优秀课程。可以说，每一个班本化课程的设计都是教师们智慧的结晶，每一个班本化课程的实施对于幼儿来说都是有意义的，而其更多的意义在于促进了教师反思能力和评价能力的提升。教师的教学智慧不仅在于能抓住教育的契机，也包括认识到自身的问题，并且想办法去解决问题。每一次的研讨，教师们都是带着问题来与组员讨论，且带有自己的思考，将自己和别人的想法与做法再进行梳理，找寻合适的解决

方法;每一次的分享,教师们都有意识地将看到的亮点带回年级组与大家讨论,许多有趣创新的形式引起了大家的思考和共鸣,经常可以听到教师们自发的研讨,并将其中的闪光点尝试到自己的班本化课程中。

此外,班本化课程的实施需要得到多方的支持。不但需要得到园部的支持与帮助,还需要家庭、社区各方力量的支持与合作。教师必须要有全方位的课程资源意识,在实施班本化课程的过程中,必须考虑课程资源的可利用性、丰富性等。经过了多个学期的班本化课程实践,部门间的教师们经常会互相交流、探讨,幼儿园也提供了很好的平台,让教师们互相学习、互取经验。在这个过程中,一个庞大的资源网应运而生,教师们在使用资源时有了更多的参考和选择。

在团队引领下,教师在班本化课程的实践中,不断走进幼儿,全方位了解倾听洞察幼儿的所行、所言、所需、所想,以促进幼儿全面、生动、活泼、快乐地发展为目标,不断调整和探索各种教育策略,让主题活动的开展更具适宜性、针对性、发展性,在让幼儿获得发展的同时,也促进教师的教育智慧的增长。

# 以教研促课程理念落实之三部曲

### 朱叶雨

幼儿如种子,给予其适宜的阳光雨露,她们就会像种子一般茁壮生长。而教师,也如同种子,有着秉承发现幼儿的兴趣,满足幼儿探索欲望的初心,并在实践中使这颗初心种子不断发芽成长。同样地,教师的这颗种子同样需要专业的支持与养分,而教研组就是为教师提供养分的重要营养补给站之一。教研活动如春雨般润物细无声,潜移默化地将课程理念不断注入教师内心的这颗种子,使其生长发芽,并适时地给予其阳光雨露,使得这颗种子逐渐成长,教师也随着将课程理念落实于现实之中,生成了系统的班本化课程。

## 一、前奏:种子萌发——教研讨论注入生机

**生活的偶然发现,邂逅课程生成点。**

> 在一次早晨来园的例行师幼对话时,我发现孩子们的注意力好像都在别处,顺着她们的目光瞧去,才知道,孩子们被窗外飘进来的几位奇特的客人给"打扰"了。"蒲公英!"一个孩子惊喜地喊着,紧跟着,整个教室都沸腾了。望着那一簇簇飘进教室的"意外来客",每个孩子的眼神中都充斥着好奇,脸上满是灿烂的笑。"蒲公英到底是什么? 蒲公英怎么会出现在这里? 它今天来做什么呢?""它也是种子吗? 它也会飞吗? 它从哪里来? 它长大会是什么样的?"……孩子

们有关"蒲公英"的好奇之门一下被打开了，有关"蒲公英"的问题更是层出不穷。

我意识到，幼儿有关蒲公英的兴趣愈发浓郁，有关蒲公英探究的欲望更是愈发强烈。那何不顺应幼儿的兴趣、满足幼儿的好奇，和幼儿一起以蒲公英为例共同探究"种子"呢？于是，有关"种子博物馆"的灵感应运而生，师幼共同打造一座只属于各种各样种子的博物馆的想法在实践中不断被实现着。

**理念转为实践遇困境，寻求教研组的帮助**。幼儿日渐强烈的兴趣与探究欲使得教师意识到"种子博物馆"是一个"合适的课程生成点"。但是对于刚入职的新教师而言，"如何顺应幼儿的兴趣使之成为一个系统的班本化课程"成为课程设计与实施前急需解决的问题。于是，寻求教研组的帮助成为首选。

在这一次的教研组活动中，当我怀着忐忑的心情将种子博物馆的理念在教研组里分享时，却意外得到了许多成熟型教师的肯定，但同时也对这一班本化课程提出了她们的思考。

她们："如果有一颗蒲公英飞进你们班级，你会跟随孩子们继续去探索吗？"

我："一定会，那是孩子们兴趣的来源。"

她们："光有兴趣就足够了吗？怎么样把孩子们的兴趣和小的探索发现去放大，举一反三真正把初有的理念成为现实课程去落实？"

她们："怎么做才更有效地去实施这一课程？你有思考过相应的集体教学活动吗？"

我："我觉得幼儿在探索种子的过程中，一定会遇到靠自身能力无法解答的问题，这个时候就需要生成一次关于班本化的集体教学活动帮助她们解决问题推进发展。"

她们："我发现，许多新老师们在实施班本化课程初期更多的是以结构较低的活动形式呈现，目的是给予幼儿足够探索和体验的机会，更多满足幼儿兴趣、追随幼儿步伐和节奏前进，生怕集体教学活动的即时目标带有太多教师的意志和刻意的设计。那既然你觉得需要，那什么时候需要切入集体教学活动比较好呢？"

我："我觉得就是当幼儿零星经验需要梳理、个体经验需要分享、幼儿兴趣转移、需要支持时、幼儿对新经验有充分表达表现欲望时、面对课程中的突发事件时。"

借助教研组的机会，在与成熟教师们的一问一答之中，作为新教师的我明确了课程意识：教师应当关注到幼儿的兴趣爱好，根据幼儿的年龄特点和发展需求以及生活中喜欢的话题。正是在这样的教研活动中，我的课程理念发生了变化，班本化课程强调追随幼儿兴趣，根据幼儿兴趣设计或生成一系列的活动，但是，幼儿兴趣并不是课程生成的唯一要素，教师还需静下心来综合考虑幼儿年龄特点、学习特点、学科特点等明确课程目标，并将课程内容围绕目标去实施，将"点"扩展为"面"，架构起一个真正系统的班本课程。

### 二、高潮：种子遇挫——教研提供新的思考

种子博物馆里面的种子数量虽然日渐丰富，但更多是师幼共同收集种子，活动形式的单一使得部分幼儿逐步失去探索的兴趣，课程也停滞在种子收集这一环节。课程生成点确定之初的喜悦和满满期待在现实中遇冷，当课程难以推进之时，寻求教研组帮助再次成为首选。

相较于上一次，教研组里的老师们并没有为我提供直接的处理方法、具体的解决步骤，而是给予了我一种新的思考方式——静心观察，深入思考。"你在

博物馆中看到孩子的表现是怎么样的?""孩子们最喜欢哪种种子?""孩子们介绍自己带来的种子时这么介绍的,已有经验是什么?""静下心来去观察你的孩子,就像上一次一样,捕捉到幼儿的兴趣点,确定课程内容中的重难点,再来设计和实施。"鉴于此,我开始更加留意幼儿的行为表现。我发现:孩子们每天挖挖土看看种子的根,看见孩子每过一段时间就去给种子浇浇水,甚至有的孩子把深埋在土壤里的种子放在泥土的表面,希望能马上看到种子的变化。由此可见,幼儿对于种子生长的条件还不太了解,对于种子的生长环境和种植规律还不够清晰。所以一天天过去了,有些孩子每每走到那个"种子之家"都会垂头丧气,似乎是有些力不从心了。观察过后,我组织孩子们讨论:为什么我一个多月过去了也没有看见种子的任何变化?经过孩子们的讨论发现原来她们都用了同一种方法,同一种材料去培育种子——"土"。进而我继续引导孩子们思考是否还有其他的方法能让种子更好地成长?……于是,一场"水培"和"土培"的种子孕育大赛就此生成。

正是因为教研组的"点拨",使得班本化课程开展过程中遇到的理念难以转为实践的困境迎刃而解。同时,也带给教师一种全新的思考方式:在班本化课程开展的过程中,始终坚持"观察幼儿",不仅要发现幼儿的兴趣,更要发现幼儿在课程中的缺失点,即课程的重难点。继而,教师再采用多种方式让幼儿的兴趣更合理有效地进行。课程意识不再只是纸上谈兵,而是通过教师的观察、思考,使其真正落地为课程行为,切实地促进幼儿的发展。

### 三、尾奏:种子成长——教研拓宽课程视野

种子博物馆的课程架构逐渐丰满,教师却仍感有所不足,"种子博物馆"的"管理员"也在抱怨着:"老师,种子太多啦,种子之家已经放不下了,都变得有点乱七八糟了,种植的区域也已经满了。"小小的教室已经不能满足幼儿的探索欲望了,那么除了在班级里打造种子博物馆以外,是否还能打破界限将课程走出校园?相较于之前的向教研组抛问题、期待得到回应不同的是,这一次,教师自身的想法先行。

我："是否可以将种子的种植从班级扩大到学校的小花园？"

她们："你为什么会想要那么做呢？"

我："因为在空间上，教室里没有那么多地方可以种植种子了。而在时间上幼儿对于种子的种植，对于种子的了解已经越来越深，是时候可以让她们去学校周围看看还有哪些奇特的种子是她们没有见到过的，可以了解到更多。"

她们："我觉得非常好，你已经慢慢地将你的种子博物馆理念和面积在扩大，不局限于教室的范围，而慢慢地将孩子们的目光着眼于学校，其实我的建议是可以再将空间拓展得更大，比如孩子们所住的小区，爸爸妈妈工作的地方，甚至我们生活周围的每个角落。"

她们："这是不是也是一种文化传播呢？不仅孩子们有意识地去寻找种子，通过种子，结合家园资源，让爸爸妈妈们更多地去了解孩子们近期的探索与话题？"

教研组教师每一次总是善于发现教师的优点并给予其肯定，为新入职教师注入了更多投身班本化课程实践的动力。而且，在此基础上提出更多建设性的意见，也拓展了教师的视野，让教师开始有意识地从更广的范围审视整个班本化课程。于是，课程资源的拓展成为"种子博物馆"这一班本化课程的下一步发展重点。也正是因为教研组的每一次鼓励，让教师有勇气打破课程的壁垒，突破课程实施的传统方式，为此，教师根据课程需要申请将学校教学楼的后面有一块小小的，空着的菜地，作为种子博物馆的"后花园"，从而为幼儿提供更大的种子种植空间供幼儿更好地观察、照顾等。

在将课程带出教室外的过程其实也是教师不断挑战自身的过程，在课程实施的过程中，如何去打破课程中遭遇的时空界限，如何去组织、策划这些活动，种种的问题让教师的课程实施力迅速提升，在这其中教研组始终给予教师最大程度上的支持，无论是已有经验的支持还是物质资源的提供帮助。

其实，教师也如种子，在个人专业发展的过程中难免也会遇到种种问题，遇到成长的"困境"，而教研组对教师而言就像一块孕育种子的土壤，而经验丰富的成熟教师就像一棵棵已经长成的大树，会成为新手型教师爬藤的支架，提供所需的经验支持，启发新手型教师们的自身思考，生成专属的课程理念，在教研组的精心培育下，让一颗种子逐渐萌芽，落于实践，茁壮成长。

# 从"事倍功半"到"说走就走"

## ——分层教研组中网络教研形式的开展

### 郭 玲

随着教育科研工作的发展,幼儿园的园本教研、分层教研开始成为教师研究与实践的新领域,由此带来的是对教研形式的选择和思考。当传统教研无法很好地满足教师的教研需求时,就需要开发一种新的教研形式来补充和辅助。近年来,信息技术广泛运用到每个领域,学前教育领域亦是如此,网络教研就是现代信息技术广泛应用的背景下而产生的一种新型的教研模式,而它的普及也将会成为一种趋势。

### 一、网络教研的初探——对教研形式优化的必然性

#### (一)【问题】记一次"事倍功半"的教研

在上学期的教研活动时,语言组曾共同研讨过基于绘本《小人儿帮手——搜索队》的一则教学活动,引发的大班班本化课程中的语言教学活动。正巧,胡老师团队中,也有老师"同课异构"出一个中班的学习活动。于是,我和胡老师商议现场观摩。时间上要以展示老师为先,但又要不冲突于幼儿园工作,因而比较难协调。当最终确定好现场观摩及教研形式后,我随即在微信群中发布通知,可结果不尽如人意。首先,由于各部事务繁忙,组员参与积极性欠缺,时间上很难融合。其次,组员们分布在每个校区,花费去集体教研地点的耗时也比较长。再次,观摩两个完整的教学活动及现场反思、互动点评之后,留给小组教研的时间也所剩无几,组员们却表现得意犹未尽。本次教研前期经过大量的沟通和铺垫工作,确保活动得以"成型"。但是,最终教研却以仅完成观摩了两个学习活动宣告"终结",可谓"事倍功半"。

(二)【思考】

### 1. 传统教研模式遇瓶颈

**瓶颈(1)**：教研频率低。按惯例,我们每月一次如期开展活动。但仅靠每次现场教研三、四个小时,未必能让大家尽兴的畅所欲言,释疑解惑,很难达到教研为教育教学行为服务的效果和目的。

**瓶颈(2)**：教研人员散。因为组员们来自各园区,日常工作任务繁重,研讨时间较难合拍。其次,教研员与一线老师各自为政,交流频率不高。因而,开展教研活动困难重重。

### 2. 创新教研模式来辅助

显然,传统的教研活动已无法满足教师的教研需求,这时就需要开发一种新的教研活动形式来补充和辅助。于是,我们尝试每学期不定期地组织 1—2 次网络教研活动,商定时间、确立主题,日常辅助微信群、网络论坛等方式。

### (三)【调整】来一场"说走就走"的教研

本学期,我园教师年度考核展示,一位教师同样选用绘本《小人儿帮手》生成了一个中班班本化课程中的语言教学活动。这次,语言组把握"契机",利用网络形式,来一次随地随心的教研活动吧!

首先,用录像代替现场观摩,将学习活动的录像提前上传至网盘之中。同时,通知组员们前期各自观摩活动视频。虽然无法身临其境地感受教学氛围,但对于研讨则节约不少时间。其次,为了节省组员们的个人时间,现场教研的形式也以网络教研代替。约定好时间后,利用微信群,先简单回顾活动流程,随即围绕关键词"中/大班幼儿语言发展目标""读图能力"等,请组员们分别利用网络来即时寻找相关的文献资料。十五分钟之后再进行资源共享和话题讨论。在讨论的过程中,组员们发言频率高,互动效果好。当然,也有老师提出关于"深度阅读理解能力""阅读兴趣的养成"等困惑,由于时间限制,我们后期选择一系列的课程和文献资料,上传至网络,供大家继续学习。随后,我们还邀请了两位语言教学方面的"导师",共同参与到群讨论之中,提出她们的建议,为组员们解惑。

（四）【再思考】

### 1. 网络教研的优势

表 5-1　传统教研模式和网络教研模式的对比

| | 传统教研 | 网络教研 |
|---|---|---|
| 参与人数 | 8 | 12 |
| 流程用时 | 一、教学观摩(1小时)<br>二、活动研讨(1小时)<br>三、话题互动(15分钟)<br>四、任务交代(15分钟) | 一、教学观摩(0分钟)<br>二、活动研讨(1.5小时)<br>三、话题互动(1.5小时)<br>四、任务交代(5分钟) |
| 解决问题 | 教学活动的亮点和不足 | 1. 教学活动的亮点和不足<br>2. 中、大班幼儿的语言发展目标<br>3. 基于班级幼儿需求的'同课异构'教学研讨<br>4. 活动中教师如何推动幼儿的阅读能力 |
| 发言频率(组员) | 62.5% | 100% |
| 资料整理(组长) | 现场记录＋后续文本输入＋资料文献整理 | 网络截屏＋资料整理 |

由上表可知，网络教研，给教研者和参与者带来了诸多便利。对教研者而言：首先，将文字"记录"转变成会议"纪录"。网络教研后，我可以直接截取组员的互动对话，从而提高工作效率。其次，资料共享更为有效。教研者可以将大量优质公开课录像、课程理念、专家讲座等都上传于网络，做到资源共享，从而更有底气地展开教研活动。对参与者而言：首先，网络教研打破了"空间"、"时间"和"地域"的限制，做到时时参与，及时反馈。其次，教研组可以充分利用网络资源，聘请一些学科专家，共同参与网络教研。

### 2. 创新教研模式，初见成效

查阅资料"随时随心"：网络教研时，组员们可以随时随心地浏览教育网站，利用关键词搜索信息，下载教学参考资料，从而获取最新的教研信息，树立正确的课程意识决策力。

参与研讨"百家争鸣"：网络教研，依托网络的优越性与隐蔽性，能让每位教师都勇于提出自己的见解和意见，直言不讳。同时，文字输入的网络互动，也让我们看到有些性格内敛的老师"一反常态",表现得特别积极主动。

反思评价"循序渐进"：组员们通过网络教研，与展示老师进行思维碰撞。同时，将观摩细化到时间点。如有组员质疑在12分钟时的师幼互动效果，组员们则各自将录像定格在第12分钟，研讨关于此环节中教师提问的有效性。通过研讨，组员们的课程反思评价力也显著提高。

## 二、网络教研的后续思考——对教研网络构建的挑战性

### （一）获取相关方面的支持，为网络教研"保驾护航"

一方面，来自"物力"的支持。在网络资源的应用时，我们发现有些有价值的学刊文献的下载需要账号和资金。因而，建议学校适当给予一部分文献资金或者由学校购买一些教育网络（如知网）的数据库权限，让大家能随时随地免费下载论文，丰富网络教研的资源。另一方面，来自"人力"的支持。具体包括：（1）网络技术的培训。网络教研需要教师具有较好的信息技术应用能力，因而建议学校提供一些基础的网络知识培训，比如"如何快速查阅文献""常用数据库介绍"等，帮助组员们能更快速地选择并摘录到有价值的网络文献，确保网络教研顺利开展。

### （二）结合传统教研的开展，为分层教研"锦上添花"

交替开展：分层教研每学期确定一个明确的研究主题，主要以传统教研形式开展，而网络教研则开展一至二次，内容应与之相适应，当然也可以适当丰富、拓展，期间还可随时补充多次网络小教研。

取长补短：网络教研的特点在理论探讨上是多元的，当研讨到某个"点"（矛盾点/共性点）时，我们就可以发挥传统教研的优势，进行现场研讨，给予参与者更全面、及时、深刻的亲身经历。当然，如果现场研讨时间受限，还可以回到网上继续讨论。

因此，网络教研在一定程度上是传统教研形式的传承和升华，只有把两者有机结合、相互补充，才能提升分层教研的整体品质，提高教师的课程领导力，丰富教师解决问题的途径，注入幼儿教育的新活力。

# 第六章
## "赋权"背后的思考
### ——班本化课程建构中管理机制的变革

课程权力，是教师实践班本化课程中的一个重要保障。教师要提升决策力、设计力、实施力和评价力，首先得需要获得决策权、设计权、实施权和评价权。可现实的问题是，我们以为教师已经享有这些权力，但其实我们却通过严格的作息安排，管理层的任务下达，各种呆板的规定和资料要求，统一的考核评价标准等等间接地让课程权力的发生了转移。

班本化课程实践对以上这些权力的束缚提出了空前挑战。于是，我们掀起了一场真正的课程赋权的革命，让教师在班本化课程实践中可以有足够的时间和空间去思考和实践一切孩子们需要的，教师认为有价值的活动；去打破一些我们可以打破的所谓"规矩"，为幼儿去创生新的课程，为自己积累新的经验。

但赋权不是放任，它是切实的关注、足够的信任和适宜的支持，它是幼儿园课程质量提升的催化剂，是教师专业发展的助推器。要实现这个目标，我们就不得不认真而深入地思考怎样在保证教师课程权利的同时保障课程实施的质量、课程管理者的角色定位转变以及课程管理理念与方式的创新。

本章的作者们，都是亲历了这个变化过程的课程管理者，她们曾经也对班本化课程背景下自己应该做什么，不做什么感到迷茫无措，但她们最终还是通过不断地思考和实践找到了自己的位置，也找到了她们和老师之间互相信任彼此支持的新的沟通模式。

# 做有课程领导底气的园长

**姚　健**

在教师课程领导力提升的实践和研究的过程中,我常常被问及这样一个问题:"提升教师课程领导力,园长应该怎么做呢? 如果教师自己都有课程领导力了,那园长又要做什么呢?"确实,我们都知道提升每位教师的课程领导力对幼儿园管理者自身的专业素养、理念和领导能力是一个巨大的挑战。走前一步,我们需要引领老师课程理念的革新;并肩而行,我们需要和老师一起解决课程领导力发展过程中出现的各种问题;退后而观,我们又需要能成为老师们自身发展的赋权者和支持者。是什么能让我们在这三个位置游刃有余,就是园长自身的课程领导"底气"。

## 一、高站位——底气来源于对全局的把握

作为一园之长,我和所有的园长们一样,常常会走入一线教师的教室、走进教育教学活动的现场,参与老师们的研讨等。尤其在班本化课程推进过程中,这种近距离与老师们的交流总能给我惊喜和收获。然而,作为一所大规模幼儿园的园长,仅仅关注个别的教学活动或者教师,甚至仅仅关注个别校区都是远远不够的,还必须高站位,观整体,通过各种途径整体把握学校的发展现状和问题,才能为自己对学校发展的方向性决策增加底气。

数据是把握整体的一个十分有效的途径。例如,冰厂田幼儿园是一个人才辈出的学校,我们有许多骨干教师、学科带头人在全区甚至全市享有盛名,如果仅仅看到这一点,我们的师资发展决策一定是高位的,以培养名师特级教师为主要目标,但是教师专业发展现状的调研却显示出了另一种状态,那就是从全

园师资比例来看，5 年内教龄的青年教师仍然占据了冰厂田幼儿园师资队伍大半壁江山，而 6—10 年教龄的青年教师却正在遭遇职业发展的瓶颈，在寻找自己的发展方向和专业特色的道路上苦苦摸索，基于此，冰厂田幼儿园在第一轮课程领导力项目研究中就提出了分层教研的教研机制，为不同发展阶段的教师制定了针对性的发展目标和发展途径。再如，在班本化课程实施过程中，作为园长我很难参与到每个班级的每个活动中去，但是通过对班本化活动和对教师群体的调查，我们便可获得关于班本化课程和教师课程领导力发展相关核心要素的数据，例如实践体验活动的开展频次，班本生成活动的数量，幼儿表达表现的方式种类等等，从而为班本化课程实践中教师课程领导力提升的研究提供实证，也为我们从中提取班本化课程实践的共同经验提供了素材。

同样，在过去的园本课程评价中，我们始终认为冰厂田幼儿园的园本课程是非常完善的，内容丰富、形式多样，为教师提高课程实施效率，保障课程实施基本质量发挥了积极的作用。但也是通过调研，我们得到了教师课程准备时间、课程思考和评价时间以及课程创新数量的相关数据，从而发现了在丰富的园本课程资源的背后，教师自身的课程思考，对幼儿发展实际需求关注的缺失，也正是基于这种整体发展的现实情况，我们以班本化课程实践为载体开启了第二轮教师课程领导力的研究。

## 二、广涉猎——底气来源于对前瞻的思考

园长的行政能力决定了幼儿园各项工作开展的成效，但是要引领学校的课程发展迈向新的高度，园长的学习能力却是最重要的决定因素。全世界幼儿教育的理念和课程都在发生日新月异的变化，我们如果仍然按部就班，闭门造车，就必定会导致幼儿园课程发展走进瓶颈。因此，园长的学习应该不仅局限于跟本园直接相关的内容，更应该将学习的范围扩大，甚至去学习别的学段，别的国家的先进理念和经验，拓宽自己的教育视野，才能及时把握到前沿课程发展的脉搏，才能真正实现园长课程领导的前瞻性。

例如，在课程领导力项目研究过程中，我对国外各类课程范式中的理念以及理念与实践的结合方式产生了浓厚的兴趣。对于瑞吉欧的方案教学、美国

STEM课程、高瞻课程、英国的早期教育课程等，我通过各种途径进行了学习和了解。尤其在上海市国际学校伙伴交流研修项目中，我更是利用了每周三个整天的时间深入到上海某国际学校中去深度了解了美国本土学前教育的课程理念和设置，并从她们的课程管理、教师课程实践、幼儿发展评价等方面学习到了许多优秀经验，尤其是美国教师对幼儿思考和体验的关注给予了我在教师课程领导力的价值取向方面很大的启发。

但是，学到东西就能直接为我所用？我们都知道教育的道路上没有"套路"，园长必须通过自己深入的思考，将各种先进的课程背后的真正理念和内涵与本园的实践有机融合，才是幼儿园课程发展的关键。我们不照搬任何一种国外课程模式，但是却会很仔细地去研究每种课程背后所追求的核心价值，例如方案教学中教师对幼儿问题的倾听和回应，对幼儿自主探索的关注；STEM课程中对幼儿自主发现问题并通过自己的努力去解决问题的重视以及高瞻课程中对幼儿客观全面的观察评价的先进经验，而这一些正是我们在教师课程领导力研究中所缺失的，也为我们去思考班本化课程中教师课程领导力的核心内涵提供了有力的参考。

### 三、通上下——底气来源于共同的愿景

作为一所大规模的幼儿园，园长若只是高高在上大谈自己的教育理想，然后就希望200余名教工就能马上和自己达成共识，显然是不可能的。课程理念要达到上下一致并内化为每位教师的自觉行动必定是一个循序渐进的过程，而且这个过程可能会有些漫长。但是，在这个过程中，园长的任务不是高谈阔论，更不是束手无策，而是应该通过各种有效的途径，来实现全园对课程理念的共同认同。

首先，园长对学校的课程理念应有十分明确的"标语"，言简意赅，通俗易懂，能最方便地向全园教师传达，也最容易为教师记住。我园从第一轮课程领导力研究中提出了"孩子在心，课程随行"8个字的核心课程理念，简短却又十分明了地阐释了冰厂田幼儿园课程建构的价值取向，并将其写入幼儿园课程实施方案，现在已经为冰厂田幼儿园每位教师所熟知。

当然，光有"口号"还不够，教师怎样在实践中落实这种理念才是重中之重。因此，冰厂田幼儿园搭建了许多分享交流的平台，通过生动的实践案例以及背后教师思考的剖析向全园教师展示了这种理念引领下的课程实践。这种方式在班本化课程实践从实验班尝试走向全园卷入的过程中发挥了重要的作用。

最后，是教师评价机制的改变。在课程理念的影响下，在评价教师的教育教学活动的过程中，我们从过去十分关注现场活动呈现的即时效果逐渐转变为更关注教师在活动背后的教育理念。有的活动在现场实践中虽然不甚完美，但是教师却在活动设计和准备中看到了幼儿的需要，关注到了幼儿自主探索的重要性，或是在活动中有效地利用了班级的各类资源等，从而让幼儿真正站到了课程的中心，让关注幼儿真正成为了老师们课程实践中最重要的价值取向。

# 从"管理"走向"治理"的幼儿园课程机制建设

**蒋嫌龘**

2017 年，课程领导力项目研究的第三年。年初，我们回顾前两年自选项目"班本化课程建构中提升教师课程领导力的研究"，以及必选项目"班本化课程建构中园本课程完善的研究"的研究路径和成效，并扪心自问：

1. 在将课程实施的自主权还于教师的同时，在课程管理上我们曾做了些什么，让"赋权"落地，使班本化课程建构得以推进。

2. 我们还能做什么，才能使教师在班本化课程建构中的思考角度和方式变成一种思维习惯，在促教师课程领导力不断提升的同时，促园本课程的完善。

## 一、由"管理"走向"治理"

历年来，对于园本课程，我们一直采用的是"管理"的方式，较多给出的是自上而下的要求、任务、规定与指令。虽然较为标准化的保证着园内整体的教育教学质量，但却忽视了班级幼儿不同的兴趣、爱好、发展需求，以及教师在课程建构时，面对大量的素材和班级实际状况，会遇到的判断选择、优化重组、生成调整、资源利用、评价整理等个性化的问题。随着班本化课程建构的深入开展，这些问题更是凸显。

基于此，我们引入了"治理"的概念，将民主、参与、协商、分权、责任、人权、平等、合作等诸多美好的价值融入到课程建构中。我们充分关注每位教师、每个班级在架构、实施班本化课程时的独特需求，根据具体情况给予或是引导，或是疏通，或是化解，或是调整，或是安排，或是解难的有效对策。

## 二、由"治理"权力的多中心化,引发教师课程主体地位的变化

我们认为,"治理"权力多中心化,是指通过分权,让权力在不同主体之间合理分配,从而加强彼此间的合作互动关系。

因此,我们的做法是**打破**原来自上而下的由课程管理组独自架构课程框架、提供课程内容、实施课程评价的局面。**强调**"赋权",将实施课程的自主权还给每一位教师。**提出**教师是课程的"领导者",并通过"自主性赋权"、"支持性赋权"、"发展性赋权"三个阶段,让每位教师有不同的机会,体现出不同的专业能力及特长。

### (一) 自主性赋权

研究初期,考虑到项目开展的可操作性,我们采用双向选择的方式,从全园46个班中,选择了教师的专业能力相对较高的12个班级作为试点班,率先开展尝试。给予教师班本化课程开发与实施的"自主性赋权"。如,试点班教师可以打破原有的一日活动作息时间;可以自主决定班本化课程活动的内容、形式、持续时长;可以自主呈现活动计划和资料积累。同时,建立起与一线教师面对面交流、指导的平台,与项目指导专家姜勇教授、项目核心成员研讨交流,碰撞提炼。

### (二) 支持性赋权

在试点班教师的带动下,幼儿园不断鼓励和支持对班本化课程有意向和兴趣的教师们进行选择性的尝试。通过建立资源库平台、简化社会实践活动的报批流程、优化教研方式等为教师课程建构提供资源、指导等支持性策略,凸显"支持性赋权"。

### (三) 发展性赋权

随着班本化课程的影响力越来越大,呈现出全园卷入的态势,我们更注重于在赋权的同时为教师课程领导力发展"增能",形成"发展性赋权"。如:进一步拓展分享平台的规模和形式,通过试点班班本化课程分享会、部门研讨展示会、班本化活动现场会等,一方面让全园教师打开课程实践的思路和眼界,另一方面则让教师们感受到课程领导力提高的真实需要。

三个阶段不同的侧重,我们成功地激发起教师不断内化课程的共同愿景,

变被动执行为主动参与。

### 三、由"治理"机制的弹性化，引发课程管理机制的创新

我们认为，"治理"机制的弹性化，是指不同的主体在遇到规则使用、权力分配等问题时，采用的以共同合作、达成共识为前提的制度。

弹性化的机制提醒我们，在课程推进的道路上，要及时关注教师所遇到的问题，并提出人性化的、可行性调整策略，做到及时跟进，及时支持，及时改变。

#### （一）从简单罗列到智慧共享——《班本化课程实践指引》

在将班本化课程案例整理进入园本课程的过程中，我们发现：每一个班本化活动背后体现的课程理念、价值取向、思考方式、教育智慧往往比方案本身更有价值。因此，在拓展园本课程的时候，我们利用《班本化课程实践指引（一）》（详见文末附录2），将每个方案背后教师的决策、设计，实施背后的经验、思考，活动中的相关知识储备、可利用的资源线索、参考的文献资料逐一罗列。该《指引》的基本框架以冰厂田幼儿园阳光儿童发展核心理念"关爱身边人、分享周围事、笑对成长路"为基础，分别指向关爱互助、探索分享、健康乐观等基本素养，并从这三个价值维度为切入点，将该主题有哪些活动、怎样实施、如何调整等问题给予教师设计和实践建议。

班本化课程的内容和形式千差万别，课程推进过程中也充满各种不确定的因素，这既使幼儿园课程得以多样性发展，同时也带来了教师班本化课程建构质量参差不齐的问题。基于这个问题，我园在对几十个课程案例中的核心要素进行研究梳理的基础上，制定了教师《班本化课程实践指引（二）、（三）》（见文末附录2），旨在通过教师对课程要素的自检与分析，为后续的班本化课程的建构夯实基础。

这份《指引》的出台，我们将一个个方案的简单罗列逐渐转变为一个经验与智慧共享的平台，使教师变成课程经验与智慧的学习和思考者。

#### （二）从统一标准到个性支持——两大"松绑"

课程计划在教师实施课程的过程中，有着独特的价值所在。但原先统一的文本格式和计划数量、固定前置的递交时间，显然已无法满足教师在班本化课

程实施过程中的实际需求。我们就课程资料给教师"松绑"。课程资料的呈现样式,可以参照园本课程中的基本样式,也可以自行设计,只要能条理清楚,说明问题,看得明白即可。资料呈现的内容除主题计划、周日计划是必交资料外,观察案例、评价反思、活动花絮等都可以自行积累,选择性递交。课程资料呈现的形式,可以用纸质手写版,也可以用电子打印版。

另一"松绑"是从幼儿一日活动的作息安排角度出发的。基于班本化课程实施的实际需求,我们发现原本统一的作息安排有时反而牵绊了不同年龄、不同班级课程的有效开展。基于此,幼儿园分别给出一份春秋版和秋冬版的《幼儿一日活动作息安排》。还给出学习、运动、游戏、生活四类活动在一日活动中的时间配比,以及在设置时的基本规定。教师可以根据课程实施的实际需求,在不违规的前提下,对幼儿在园的作息安排做出合理的调整,以满足班本化课程实施的实际需要。

两大"松绑"给予了教师班本化课程实施过程中的个性化支持,利于教师在实施课程时立足于活动本身的需要,去设置、实施和考量。

### 四、由"治理"的多元化特征,引发课程保障机制的突破

我们认为,"治理"多元化,是指将各主体进行不同的组合,以此来达到改善或提升教育教学质量的目的。

在班本化课程实施的过程中,如何有效提升教师的课程领导力,从而保障班本化课程的实施质量是最为棘手的问题。参照"治理"的多元化概念,多层治理不失为良策。于是,我们创建了由园长、课程总监、保教主任、教研组长、年级组长、教师、保健员、保育员、营养员、家长等人员不同组合的协同式治理模式,形成的课程管理组、课程开发组、教研年级组、学科领域组、资源保障组,在园本课程、班本化课程的实施和管理上,各就其职,同时又在不同的工作侧重、推动高度、具体安排上形成合力,凸显协同管理的特质。其中,教研,更是提升教师课程领导力的重要途径。我们提出:

#### (一) 有准备的教研

现时教研因教师都有自己不同的班本化课程实施案例,因此我们倡导教研

准备制,即教研之前,教研组长公示本次教研的话题和案例,让教师们各自准备自己的观点、做法和经验,增加碰撞的频率与效度,从而凸显教研对教师课程领导力提升的作用。

### (二) 有问题的教研

现时教研更多以案例分享、现场研讨等路径展开,我们鼓励教研问题式,即每一次的教研话题都有几个针对教师在班本化课程实践中的问题开展研讨,让教师通过质疑、追问、辨析等多种方式来理清问题的线脉、症结,研究解决问题的途径、方法和经验,从而提高班本化课程质量。

### (三) 灵动的微教研

即班级的两位教师自己或者和一两位指导教师之间进行的小团队教研。在班本化课程的实施中,两位教师之间的沟通与配合,相比实施园本课程更加重要,也更加符合班本化的研究需要。

### 五、由"治理"的实践性特征,引发的资源共享机制的调整

我们认为,"治理"的实践性,是指从关注教育行为的实际出发,提供必要的支持,以及与之相匹配的服务。

课程资源的选择、利用是每个班级在实施班本化课程时都会遇到的问题。随着网络技术的发展,我园在两年前完成了资源库的网络化工程,使资源库的分享和使用更加便捷,但是在架构上,资源库的查找路径仍然是年龄段——主题——分支——活动方案——环境材料的单一路径。不少教师反映:当需要查找某一个资源的时候,往往会因为想不起来它在哪个主题、哪个分支、哪个版块下而带来许多不便。如果我们能一改单一路径,借鉴"治理"网络化的做法,这一问题是否能得以改善呢?

通过对课程资源的再梳理以及专业技术的支持,我园资源库正在向以教师需要为基础,以多元化的关键线索查找为路径的"智能库"转变。例如,教师可以通过"自然"为关键词,找到与所有大自然有关的主题内容,社会实践,环境与材料,班本化课程案例等的课程资源;也可以通过"低结构材料"查找到所有以低结构材料为主的游戏、环境、个别化学习活动等的相关资源。这种多元路径

的架构方式不仅满足了不同需要的教师在课程资源使用上的需求,同时也在无形中让教师在课程实践中更具有资源整合的意识和大课程观。

在课程由"管理"走向"治理"的过程中,我们努力并期待每一位教师都能在教育教学中释放出不同的色彩。并在这个过程中,逐渐形成一种思维的方式。一种始终追随班级孩子脚步的思维方式;一种打破界限分割的开放的思维方式;一种能够将合作互助相结合的思维方式。并在教育教学实践中,运用这种思维方式,使园本课程的完善、班本化课程的架构都绽放出不同的色彩。

# 风险与成长

## ——班本化课程背景下的教师课程"赋权"

**皇甫敏华**

课程权力是幼儿园课程管理的基础,课程权力的有序运作是幼儿园课程质量的重要保障。随着基础教育课程改革的不断深入,课程权利从教育行政部门的集中管理逐渐下放到学校本身,使学校获得了越来越多课程自主发展的空间,也从根本上激活了课程的园本化、多样性、创新性的发展。同样,当我们将课程研究视角从园本逐渐聚焦到班本,必然带来课程权力运作模式的新变化和新挑战。无论是课程决策、课程计划、课程实施还是课程评价,要实现课程的班本化,首要条件就是赋予教师更多的课程权力。

然而,赋予教师课程权力容易,让教师善用这些权力来提高课程质量却不简单。一方面,权力分散后将不可避免地带来课程质量的风险,但同时,课程赋权又被认为是教师课程实践能力发展必要途径。那么,在班本化课程背景下,怎样在课程权力的运作上既能减小风险,又能真正带来教师的专业成长和幼儿园课程质量的发展,是对于幼儿园课程管理需要解决的重要问题。

### 一、"赋权"背后的班本化课程质量风险

"质量风险"一词多用于企业管理,是指在产品的生命周期中存在的不确定性,也就是发生损害的可能性及可能造成的危害。在班本化课程实践中,当课程的决策权、设计权、实施权和评价权都回归每个班级的教师,对幼儿园课程管理体制、教师的课程意识和课程价值判断能力无疑是巨大的挑战。当这些要素出现问题,幼儿园的课程质量便会产生很大的不确定性,引发课程质量风险。

### (一) 因管理体制不全而带来的课程质量风险

众所周知,越标准化越容易进行质量管理。每个班级在同一时间开展相同主题内容,按照既定教案开展活动,遵循一日作息安排生活是许多幼儿园主题课程实施的常态。在这样的模式下,课程质量的风险大大降低,标准化课程管理变得方便而有效。然而,这样的管理体制却无法适应班本化课程的需要。当教师对班本化课程拥有自主权,必定使班级与班级之间的课程实施差异性增大,这很容易使学校课程管理体制走向两个极端,一是完全地放手,二是仍然沿用传统的标准化管理理念和模式,而无论哪一种都必定会给班本化课程的质量带来负面的影响。因此,在班本化课程"赋权"的同时,重新梳理学校的课程管理体制变得尤为重要。

### (二) 因主动意识不足而带来的课程质量风险

李文梅和胡洁雯(2011)将教师赋权分为外部赋权以及内部赋权,外部赋权指学校和社会赋予教师在教育活动中的主动权和决策权,提高自身专业成长的把握能力的过程。而内部赋权是指教师全面提升自身素质和自我效能感,肯定自我价值,相信自身能力,积极主动地参与课程改革和学校决策的过程。也就是说,即使学校赋予教师课程权力,同时也需要教师从内部真正认同这些权力,并在接纳和运用权力的过程中提升自我。对于班级教师来说,班本化课程背景下的权力和压力并存,长期实施统一课程的舒适区和自主课程决策的风险容易使部分教师对权力产生排斥,造成"你赋权但我却不想要"的矛盾局面,使班本化课程中的"教师赋权"成为一句空谈。

### (三) 因教师能力差异而带来的课程质量风险

班本化课程实践对课程质量带来的最大挑战是对教师专业能力的考验。如果课程内容相对统一,课程实施有明确参考的前提下,这种能力差异带来的风险还比较容易控制,但班本化课程背景下,课程质量对于班级教师本身的专业能力的依赖程度大大增加,这也是为什么"赋权"理论中都普遍强调"权"和"能"的紧密关系,教师赋权必须基于能力提升,而能力提升才能促进更加充分和切实的赋权。

## 二、班本化课程背景下教师课程"赋权"的策略

### （一）有收有放，确立课程权力的边界

教师课程赋权不是无限地放权给教师，而是应帮助教师明确自身拥有哪些课程权力，怎样运用，并知晓这些权力的边界在哪里。那么班本化课程实践中，究竟哪些权力应该充分给予教师，而哪些权力应该仍然由幼儿园管理者来行使呢？

田波琼博士（2014）曾在泰勒课程模式基础上提出幼儿园课程模式框架（如下图6-1）。幼儿园课程决策主要包括了课程理念的确定、儿童发展目标制定、课程模式选用和教材的选择；幼儿园课程设计主要涉及具体学习目标的制定、教学内容的选择、教学策略的制定和具体教材的选用；幼儿园课程实施主要涉及的是幼儿教师课程实施的取向以及师幼互动；幼儿园课程评价主要涉及对幼儿教师的评价、对课程方案的评价以及对幼儿发展的评价。

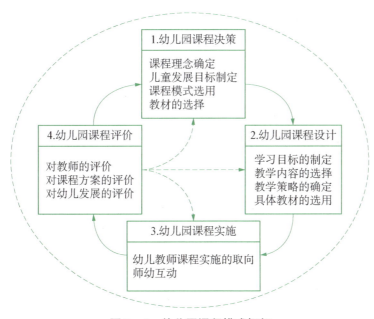

**图6-1 幼儿园课程模式框架**

在班本化课程背景下，教师应享有课程决策权、设计权、实施权和评价权，但在每一种权力中具体承担的任务却各有不同。例如，在幼儿园课程决策方面，上位的决策如园所的课程理念、儿童发展的总目标、幼儿园课程实施的基本

要求和参考教材等仍然应该由幼儿园管理层根据国家和地方的指导文件制定园本的课程实施框架,作为全园教师所共同追求的课程愿景和实践的课程指南。而教师的权力则是以此为基础,根据幼儿的兴趣和班级情况,在具体的课程内容选择、实施方式等作出适宜于班级实际情况的课程决策。再如,在课程评价方面,学校可以在评价的基本价值取向和共性的评价指标等内容上发挥更大的主导作用,同时也应履行对教师班本化课程实践的监督职能以保障课程对幼儿发展的正向影响,但同时在对班本化课程的具体评价内容、方式和结果上面的则需要充分尊重教师的自主权。

### (二) 多元参与,丰富课程权力的主体

班本化课程中的教师赋权,并非将所有权力赋予教师个人,而是赋予教师在课程实践中发挥课程利益共同体之间的协调权。教师为了充分保障班本化课程的质量,就必须尊重与班级课程相关的幼儿、家长以及工作同伴等在课程实践中的参与权,并通过各权力主体之间的紧密合作来不断提升课程实施质量。课程权力主体的多元参与不仅可以降低课程决策风险,还有利于限制课程权力运作中过于集中和异化的现象,同时也培育了一种教育的共同责任感。

同时,在实践中,教师也应避免家长与幼儿对于课程的"形式参与",例如,有的老师通过任务布置的方式请家长完成一件手工作品来布置班级环境,或者为了体现家长参与而请家长来班级给孩子们上一节课等。这些是家长课程参与的形式,但不是课程参与的目标,更不是课程参与权的真实体现。教师应以班本化课程开展的实际需求以及幼儿和家长的课程参与意愿为基础,始终以提升课程质量为目标,引导幼儿和家长积极参与到课程中,并在推进课程发展的过程中获得积极的参与体验并获得成长。例如,同样是请家长进课堂,教师应事先与家长就班本化课程的目标,对幼儿发展的意义,孩子们前期经验,在活动中一些注意事项等与家长进行充分沟通,并和家长一起策划活动内容,决定开展的形式等。在活动后,教师也应和家长就活动的成效,课程的推进计划等进行共同反思和讨论,从而实现家长作为课程主体在参与的过程中真正理解课程,并为课程发展发挥自己的作用。

### （三）平等对话，支持课程权力的运行

教师在运用课程权力的过程中必定会遇到各种各样的困难和问题，尤其是刚刚开始尝试一种新的课程实践方式的时候，是教师最容易感受到压力而产生挫折感的阶段，而此时对学校的管理层来说，在"赋权"的同时给予教师有效的支持尤为重要。这种支持不是对课程权力运用的"包办"，如由领导代替教师来设计或实施课程，更不是对权力的收回，如让教师还是按照标准模式开展课程活动等。杜威提出"民主不仅是政府的一种形式，它首先是一种联合生活的方式，是一种共同交流经验的方式"。杜威所提倡的这种"共同交流经验的方式"可以为解决赋权与支持之间的关系带来一定的启示。

作为学校的课程管理者，应与教师保持一种顺畅的"共同经验交流"的对话模式，在这个对话中，首先管理者对教师的班本化课程首先应该是有所参与和了解的，以使自己能跟教师产生"共同经验"，第二在对话交流的过程中，管理者应以平等的姿态与教师进行交流，这种平等不仅体现在空间位置上，更体现在管理者的话语甚至语音语调中，第三，管理者在平等交流的基础上，应根据教师的现实问题给予自己的专业意见和建议，是教师能在对话中有发展，使班本化课程有推进，唯有如此，管理者才能在实践操作的微观层面来确保课程质量。

教师课程赋权，是幼儿园课程改革与发展的必然趋势，但"赋权"不是一种单独存在的提升教师课程能力和学校课程质量的策略，而是以"赋权"为基石的一系列课程理念、管理机制、实践方式和教师成长路径的革新。在班本化课程实践的背景下，教师课程赋权引发了一场幼儿园课程权力运作的新变革，而在寻求权力的新的平衡的过程中，我们经历了风险，但最终也将收获教师与课程的共同成长。

# 赋权，赋予课程管理者多重角色

### 王劲青

随着班本化课程的深入研究，"赋权"一词被频繁提及。那何为"赋权"呢？在班本化课程中，赋权是一种参与的过程，是将决策的责任和资源控制权授予或转移到即将受益的人手中。从广义上来说，赋权是选择和行动自由的扩展。它意味着增加对影响教学的资源和决策的权力和支配能力。当教师真正进行选择时，他们就能增加对课程的支配能力。

实践证明，在实施班本化课程的过程中，不仅需要教师赋权幼儿，同样也需要实现管理者对教师的赋权，而管理者在赋权教师的同时，其角色也在潜移默化地改变着。以保教主任为例，其角色逐渐丰富化，不再只是单一的"管理者"角色，不再只是惯常的"课程实施贯彻的执行者、对部门课程计划的监督者、对教师发展的指导者"，更是班本化课程构建中的倾听者、班本化课程实施中的支持者、班本化课程成果的推广者。

## 一、倾听者，在倾听中选择课程主题

班本化课程主题的选择是班本化课程开展的第一步。对于小班部的教师而言，主要存在两方面的困难：一是小班幼儿的生活经验、社会经验少，教师该如何追随幼儿的兴趣确定班本化课程的选点。二是小班部以青年教师居多，他们习惯使用阳光课程（园本课程材料包），缺乏一定的课程创新意识。因此，当这群教师被"赋权"、被要求独立构建班本课程时，他们反而有些手足无措了。为此，作为保教主任的我进行了两种"倾听"。

## （一）倾听幼儿心声，帮助教师发现课程价值

当教师面对刚入园的小班幼儿"茫然失措"时，我为教师提供了"倾听"这一锦囊，即让教师一起静下心来，倾听幼儿的心声，在倾听的过程中了解幼儿、走进幼儿。正如有的教师发现自由活动时幼儿最喜欢比赛谁的汽车开得远，于是园本课程"小司机"中生成出新的分支"汽车动起来"；有的教师发现幼儿喜欢聊自己的哥哥姐姐和弟弟妹妹等等，于是一个有关二宝情绪培养的班本化课程应运而生。

倾听幼儿的心声，教师可以适时地用语言表达自己的观点或看法，或者说一些简单的鼓励或赞美，以激发幼儿表达的兴趣，从而在其中发现课程价值。此外，一方面倾听时教师要耐心听完幼儿的话，这样会让幼儿觉得你尊重、信任他，才能大胆表现内心所想。另一方面，倾听是面向全体幼儿，个别幼儿的心声不能代表全班幼儿的想法。课程价值的发现建立在教师对全体幼儿的心声的倾听。

## （二）倾听教师心声，给予教师建设性的意见

开学初，每个班的教师都在琢磨如何选主题，于是乎，教工餐厅里、办公室里、回家路上、年级组会议中，教师们的讨论"不绝于耳"，而这些场合也为作为管理者的我提供了倾听教师心声的机会。

例如，十月份，小班幼儿的情绪基本稳定，各班教师都开始准备播撒班本化的种子。比如：小一班想结合秋游活动找素材，两位教师在与幼儿的聊天中捕捉到了很多信息，但是不知道该选择以哪个点切入。于是，围绕这些话题，我们在餐厅里自然而然地讨论开了。在倾听了两位老师有关幼儿的分享后，我们一起用思维导图的形式分析了幼儿的兴趣点，最终发现，"秋天的颜色"这一活动选点更符合班级大部分幼儿的兴趣，同时又具有较高的教育价值。于是，一拍即合，小一班有关"秋天的颜色"这一班本化课程开始了。

教师们需要倾听幼儿的心声，作为管理者更要倾听教师们的想法，不要急于去判断去定论。国外有一句谚语，"用十秒钟时间讲，用十分钟时间听"。倾听是对他人的尊重，认真仔细地倾听教师交流就可以获取大量的信息，在对倾听而来的信息进行分辨思考后给出的建设性意见能够有效帮助教师发现幼

的兴趣、发现更具教育价值的课程选点。

## 二、推广者：共享经验均衡部门资源

教师之间的教育经验和教育水平存有差异，作为一名管理者必须具备大局观，促进每一位教师在自身水平上的专业能力和课程领导力的发展，努力均衡部门教育资源，均衡各班幼儿发展。为此，在赋权的同时，从管理者走向了推广者，通过搭建推广经验的平台，推动教师间的经验共享，从而实现部门资源的均衡。

### （一）过程性经验推广

十月底，各班的班本课程如火如荼地开展着，"小荷才露尖尖角"，它们是否会继续成长，还是会被扼杀在泥土中呢？通过平时的交流、在班级里的参观等发现有些教师已经初有成效，但同样地，也有部分教师遇到了瓶颈。每个班级的课程推进的程度不一，因此，我利用部门活动开展班本化课程的分享交流，通过让教师们来分享自己的课程，实现过程性经验的推广。

例如，小四班的两位教师均是青年教师，其中一位教师今年是刚工作第三年，且第一次任教小班年龄段，而另一位教师则是聘用教师，同样也缺乏相关的经验。因此，他们班的主题一直都处于酝酿阶段，无法决定。从设想开展"流动书屋"、"家长来园做教师"到"小小摄影师"，一波三折，在分享交流中，大家一致认为前两个与我们的日常工作相同，不能体现班本特色，第三个与小班幼儿的年龄特点不符。正值大家一筹莫展之际，小四班两位教师在听完大家的介绍后，联想到了九月初的开学周活动——"宝宝爱玩色"即幼儿小手蘸取颜料进行拓印。该班幼儿在活动中表现出了强烈的对颜色的兴趣，于是，以"玩色"为主题的班本化课程选点被基本确定，在此基础上，大家共同"献计献策"，结合自己的教学经验、对小班幼儿的了解等为小四班这一班本化课程提供了诸多想法，使得"我爱玩色"的班本化课程愈发丰满。

班本化课程开展的过程中，各班呈现出不同的状态，通过搭建平台进行推广，一方面是对教师工作的肯定，激发教师的工作热情。另一方面，适时的推广也帮助了有困难的班级再次梳理自己的班本化框架，及时进行修正或调整。在这一过程中,从管理者转变为推广者。

### (二) 成果性经验推广

作为管理者,日常一日三巡,熟悉每个班的环境、每个班的工作是工作内容之一。正是如此,也能够捕捉到每个班的闪光点。因此,作为管理者的我,此刻将转变为"欣赏者"、"记录者",在戴上眼镜、带好记录本、带好相机把美好的点点滴滴记录下来。

某个班级门口摆满了幼儿和家长共同制作的玩具,并组织幼儿投票选出最喜欢的玩具。自由活动时,幼儿拿上这些玩具在操场上玩了起来,有些幼儿主动介绍自己家设计的玩具是怎么玩的,正因为这些玩具是幼儿和家长共同设计的,所以幼儿的主人翁意识更加强烈,更愿意积极地表达自己的,于是,我拿起手机拍下了照片和视频分享在部门的微信群中。借此机会,大家在微信群里互相主动地发表着自己的看法,从中也受到了很大的启发。

因此,课程管理者要利用自己的优势,对各班优秀的班本化课程内容、组织形式、框架等等进行推广,同伴互学,共同发展。通过过程性经验和成果性经验的推广,拓宽教师的设计思路,实现优质资源的共享,同样也有助于教师在结合本班实际情况的基础上二次开发其他班级的班本化课程,从而少走弯路,均衡部门教育资源,均衡各班幼儿发展。

### 三、支持者:助力班本化课程的发展

将课程赋权给教师,作为管理者除了提供一贯的经济上(资源)、空间上(给予自由的作息时间)的支持外,还可以做些什么呢? 日常工作发现,其实教师们更需要的是管理者精神层面的认可和教育业务方面的支持。

小五班拟定的班本化课程是《爱上幼儿园》,原本想以爱上幼儿园为主线,开展系列活动,结果恰遇传染病,是停滞等待还是继续向前呢? 在充分肯定教师前期工作中的付出的同时,我还与两位教师就这一偶发事件进行了沟通,幼儿在家隔离是否更有与好朋友沟通的需要? 此外,加之现在是网络时代,沟通的方式很多,如网上视频、微信视频、电话等,这种别样的沟通方式,是否既契合主题内涵又能弥补幼儿隔离在家不能来幼儿园的遗憾呢? 于是,新的生成活动

开始了。正是因为赋权理念下,管理者转变成为支持者,在给予教师充分的情感认可的基础上,就具体情境、具体问题展开共同的探讨,并结合自身的教育教学经验为其提供教育业务方面的支持。

正如上述案例所言,课程管理者也是教师开发班本化课程的支持者。班本化课程与园本课程相比,难度系数高,教师除了要挖掘素材确立主题,形成完整的课程框架,还要符合该年龄段幼儿的学习目标。特别是对刚入职的新教师而言,压力更大,更需要得到管理层面的多方支持。

因此,作为课程管理者应该走进班级,及时按需地给予教师支持,既要鼓励教师大胆实践,又要帮助分析制定适宜的课程目标,以推动教师开展有效的班本化课程。而在这一过程中,课程管理者在赋权教师的同时,其角色也需要更多元化:倾听者——给予教师足够的权利;推广者——发掘教师亮点以点带面;支持者——做好教师的坚强后盾。

# 班本化课程的实施，从管理者走向同行者

**苏　靓**

班本化课程的实施，打破了以往课程模式化的概念，把幼儿放在首位，观察幼儿的兴趣，尊重幼儿的需求。这对于老师来说，是一个巨大的挑战，改变了教师们已经形成的依赖园本课程的习惯，放慢脚步，仔细观察幼儿，追随幼儿的兴趣点，为他们量身定制课程。而从管理者的角度出发，在赋权理念下如何参与到教师的班本化课程实施中，也是一个新课题。

20 世纪 80 年代，为了更好地促进教师专业发展，在美国的第二次教育改革浪潮中，从管理界引入一些新的理念，而赋权理论就是其中非常重要的一部分。不同的学者采用不同的分析框架和模式，对于教师赋权提出相应的解释，其中有学者提出将教师赋权置于教师专业发展需要和学校权力重新配置两种情境中，他认为基于教师专业发展心理需要的教师赋权是教师个人能力提高的一个过程，教师通过提高自己的专业能力来实现赋权增能，这是从自我角度而产生的赋权增能。而教师赋权在学校权力重新配置的情境中是被解释为：在校长及其他管理人员需要适当放权给予教师更多的决策权的同时教师需要提高自己的专业能力，使其能够更多地参与到学校层面的决策中。同样有学者认为教师赋权分为外部赋权以及内部赋权，外部赋权指学校和社会赋予教师在教育活动中的主动权和决策权，提高自身专业成长的把握能力的过程。而内部赋权是指教师全面提升自身素质和自我效能感，肯定自我价值，相信自身能力，积极主动地参与课程改革和学校决策的过程。结合这些教育学家对于赋权理论的诠释。

结合这些学者对于赋权理论的诠释，经过自己两年的实践发现：赋权不仅

给予教师更多的时间与自由，更是给予教师观念转变、课程开展等多方面的支持，从而提升教师的课程领导力。

### 一、课程实施前，帮助教师转变观念

#### （一）给予教师时间上的赋权

有了充足的时间，方便教师去寻找开展课程的契机。但赋权≠放任自由，我在期初的第一次教研活动中就强调观点：1. 赋权，让老师有了更多自我掌控的时间去思考如何设计符合班级幼儿需要的课程，但并不代表你被动等待，主动出击寻找适当的时机开展适合的课程，也是展现你的教师课程领导力。2. 赋权并不代表我不闻不问，如果大家有困惑的话，及时与我沟通，我一定会给出合理的建议。3. 在设计班本化课程的时候，要学会有"备"而来，这里的"备"指的是备幼儿，也就是以幼儿的兴趣、需要、能力为基础，凡事多问问自己：这是幼儿喜欢的吗？这样设计能满足他们的需要吗？我想到的这些方法是否能给幼儿创设更多自我探索的空间……

#### （二）给予教师观念上的更新

班本化课程，贵在"班本"二字，简单释义就是为班级幼儿打造适合他们的课程。那么教师的观念就不能局限在："我想给孩子什么？"而是转变为："我的孩子喜欢什么？我怎么去设计他们需要的课程？"这个转变不仅需要时间，更需要时刻的提醒，这就是我要做的。所以，在班本化课程的酝酿阶段，我会反复地提醒教师注意变换思考的角度，将重点落在幼儿身上，真正落实我们的课程理念"幼儿在心，课程随行"。

以大班班本化课程"上海游戏好白相"为例，教师的初步设想是挖掘上海的文化。于是我问了两个问题：

1. 如何将"文化"这个高级名词融入幼儿的一日生活？

2. 我们能借用多少活动形式来和幼儿一起探讨上海文化，让他们始终保持兴趣？

这些问题一时无解，没关系，稍作等待，几周后，迎来契机：自主游戏时，几个女孩在玩跳橡皮筋，引发了班级热潮，也让老师找到了突破口——弄堂游戏。

这个落地的"文化"适合幼儿,同时符合大班幼儿爱游戏的年龄特点,于是,"白相游戏"成为课程的核心内容。

### (三) 给予教师工具上的支持

幼儿的兴趣热点是否能转变为班本化课程,教师需要进行判断,而判断一定是需要工具支撑的,所以我的另一任务就是给教师提供有参考价值的工具。而《教师班本化课程实施前班本情况分析指引》通过一些简单的问题,帮助教师梳理获得的一些信息,从而进行判断。因此,在教研活动中、与教师的个别互动中,我都会让教师使用这个工具,来帮助她们厘清思路。

## 二、课程实施中,协助教师把握方向

### (一) 学会搭建课程框架

在实施园本课程时,教师们有可参考的课程资料,目标明确,过程清晰,效果可预估。但在开展班本化课程之初,教师获得的信息有限,容易产生"脚踩西瓜皮,滑到哪里算哪里"的现象,所以搭建课程框架尤为重要。课程框架包含课程目标、核心经验、预设内容等,让教师们心里有个大致的方向,不会产生过大的偏差。此时我要做的就是带着课程框架深入班级,了解并保持课程的框架与实际进程之间的密切关系。

### (二) 学会把握核心经验

在班本化课程开展的过程中,会发生很多跟你预设中不一样的情况,比如幼儿的兴趣转移了,预设的内容无法执行;又比如幼儿产生新热点,课程内容需要进行补充……这个时候教师很容易迷失方向。所以我要做的就是拿着课程框架和教师们坐在一起,反复解读课程的核心经验,然后结合幼儿的实际情况进行分析,并选取与核心经验相关的内容对课程内容进行增补或删减。

### (三) 学会倾听课程故事

班本化课程的实施,教师们的理念不断更新,我的管理方法也要有新的举措。原先深入班级,我比对周日计划,检查每一项工作是否落实到位;我随堂听评,关注每一个教学活动是否有开展的价值……现在除了关注现场外,我更喜欢听教师讲述课程故事。课程故事能让我了解课程背后的秘密，比如教师在课程开展过程中的困惑、思考、权衡、取舍；在课程中对于幼儿的观察与分析；在课程中对于资源的整合和运用……这些能让我更深刻地了解班本化课程实施的价值，更清晰得看到教师课程领导力的提升。

以"图书漂流记"为例，这是一个贯穿小、中、大三年的班本化课程。从漂流教师选的一套书——选择自己喜欢的书漂流——将幼儿的读书体会编成一本书——尝试自己选一本喜欢的书——图书漂流。看似并没有多大的变化，但倾听了教师的课程故事后，会发现教师深层思考的价值体现在四个字：回归初心，也就是让幼儿真正爱上阅读。

### 三、课程实施后，联合教师开展评价

#### （一）提供更多元的评价方式

以往我进入班级随堂听评的评价依据是课堂教学评价表，通过对活动的目标设定、流程安排、师幼互动等指标的评价，判断集体教学存在的价值。现在课程的范畴远远超出一个个集体活动，所以评价方式也需更多样。可以使用《教师课程领导力发展检核表》来进行自评和他评，旨在了解教师的发展；可以使用《3—6岁幼儿学习品质表现检核表》来评价幼儿，旨在了解幼儿的发展；还可以通过家长问卷来调查家长，旨在了解家长对于课程的了解与认可。

#### （二）整理有价值的课程资料

班本化课程的实施除了提升教师课程领导力、提高幼儿的学习品质以外，还可为园本课程积累更多的素材。所以，整理课程资料也是教师们的必修课。那是不是把涉及到的方方面面都收纳其中呢？我们要做的是选取精华，这时候我会帮助教师来选择，把一些可复制、可推广的内容整理出来，比如课程框架、反思与评价、课程故事等，能给其他教师一些参考与指引。

以大班班本化课程"游乐总动员"为例，这是一个以角色游戏为基础开展的课程。它突破了通常班本角色游戏的模式，通过运营乐园来给不同班级的幼儿创设共同游戏的环境，提供共同游戏的时间与空间。所以课程资料我们选取的

除了课程框架以外,主要是教师与幼儿的故事,给大家参考的依据就是教师课程观念与幼儿学习方式转变的过程。

对于班本化课程的管理,最终想要达到的目标就是提升教师课程领导力和提高幼儿学习品质,管理者同样在学习着,努力着。

# 第七章

## 一花一世界

### ——班本化课程建构的案例列举

在践行班本化课程的实践中，冰幼人怀揣一颗持之以恒的心来面对这未知的旅途，我们和孩子们一起，且行且探索，在探索中，收获惊喜，收获感悟。我们将那点点滴滴的经验感悟镌刻成文字，笔墨之间，流淌着冰幼人的课程智慧，散发着冰厂田幼儿园的课程情怀。尺水兴波，滴水藏海，在点点滴滴的观察、探索与总结中，让经验积累成为班本化课程建构中不可或缺的一种习惯。

一个个案例故事，亦是一篇篇爱的札记，更是一段段镌刻于心的师幼回忆。最美的开始，是遇到这群可爱的孩子；最好的结局，就是陪伴这些可爱的孩子共同成长！我们和孩子一起，在成长的路上，践行班本化课程，共同探索、共同收获。更重要的是，我们期待，在冰厂田幼儿园的教师课程领导力的文化土壤上，我们和孩子们，彼此之间，一棵树撼动另一棵树，一朵云推动另一朵云，一颗心灵唤醒另一颗心灵。

每个孩子都是自己生命中的主人，都有着自己对世界的独一无二的认识，所以我们愿意倾听孩子们的"专属电台"；每个孩子都是游戏的主人，对于游戏有着自己独特的创意，所以才有了幼儿自主化的"户外游戏"；每个孩子对于"甜"都是那么的难以抗拒，可是除了食物的甜，生活中还有更多的"甜甜的"等待着孩子去发现，所以我们愿意和孩子们一起在"甜甜的"中发现身边更多的"甜"。正是如此，坚守在"孩子在心，课程随行"的冰厂田幼儿园文化中孕育了一个个班本活动，我们在不断前行中不断探索，在不断探索中不断完善！

# 蛋壳里的生命

**沈祎冰　施冰烨**

我们的班本化课程是基于班级幼儿兴趣和发展需求而生成的,也是一次教师和幼儿共同对生命的探究之旅。我们通过跟踪幼儿表现,不断追随发展需要,我们通过不同的渠道来丰富知识储备,获取专业知识,支持幼儿的探索。这些追踪与学习的心路历程,在我们的教养日记中呈现,成为班本化课程的真实记录。

谈起"生命"两字让人感觉沉重和深奥,这一话题对于学前教育阶段的幼儿来说如何去理解和感受? 教师该如何去引导和激发幼儿对这一话题的兴趣? 在这一话题中幼儿又会有何种收获和发展? 这些疑问同样出现在实施班本化课程《蛋壳里的生命》教师的脑海中,原先想通过孵小鸡感受的"生活体验"课程逐渐演变成"生命"课程,这些转变从何而来? 教师陪同幼儿一同经历了什么? 让我们通过中一班两位教师的《小鸡日记》解开这些谜题,了解两位教师和幼儿共同的心路历程。

### 3月20日　星期一　小雨

一大早上班,双休日两天的期待化成急切的脚步声,连包都没放就冲进教室,为的就是看看小鸡有没有孵出来。17只鸡蛋躺在那里,一点动静都没有……此时,内心已经有了不好的预感。

一上午来园的孩子们一个一个带着期望去看孵蛋器,然后带着失望的表情离开。也有孩子对我说:"小鸡今天晚上孵出来,真的! 我算过!"我相信地点点头,觉得她是在安慰我,也是在安慰自己。

从开始孵蛋器刚送达教室插上电时的信心满满,到现在21天孵蛋期已过却丝毫没有动静的惴惴不安,原本让我觉得"不就是孵个蛋么"这样的简单问题变得遥不可及。心里最难受和无法面对的是娃们的期待。从鸡蛋来到我们教室开始,娃们自发的给鸡蛋制作记录表、带八音盒给鸡蛋听、画很多画和做手工作品送给小鸡当礼物……这份浓浓的期待现在就要落空了,娃们的心里该有多难受……难道要去买只一批小鸡假装是孵出来的?!

到底要不要告诉娃们孵鸡蛋失败的这个事实?我纠结了整整一天……

于是,我去问了"度娘"两个问题:1.关于生命教育;2.如何帮助孩子面对宠物死亡。这两个问题的背后代表着我的决定:和孩子一起面对事实!

所以,我们应该用哪种方式和孩子们一起聊这个话题呢?

(沈祎冰执笔)

### 3月21日　星期二　阴天

今天是中一班最特别的日子,我们期盼了大半个月的小鸡宝宝出壳了!

早上进班,和朱老师说着话忽然听到"叽叽"的声音,诶?是小鸡出来了吗?可是每一个蛋宝宝都很完整地躺着,我们仔细听着,等确定这个声音就是从孵蛋器里发出来的时候,忽然看到三号鸡蛋左右动了一下。天哪!真的是小鸡宝宝要出来了!它的叫声隔着蛋壳就很清脆,我猜猜一定是只超有活力的小鸡。

大家太激动了,每个孩子进来都会喊"小鸡要出来啦!快来看!"越来越多的孩子还有家长,紧凑地围在孵蛋器旁边倾听小鸡的叫声,等它破壳而出。每个人都对这个新生命充满了期待,脸上满满的幸福感。

蛋壳破了一点点,露出小嘴巴——蛋壳裂开一道口子,露出黑脑袋——蛋壳打开,小鸡钻出来,亲眼看着一只黑乎乎、湿漉漉的小鸡跌跌撞撞来到这个新世界,真是好奇妙的体验。

孩子们也很好奇：

曹添添："这只小鸡宝宝有点不一样，他现在是黑的，过几年它慢慢长大会变成可爱的小黄鸡吧。"

董宝："我觉得它是一只乌骨鸡。"

南瓜："或许有些刚出生是黑的，有些刚出生就是黄的。"

大部分孩子的经验是小鸡宝宝都是黄色的，所以我们特地选了一个山鸡的品种。今天的小黑鸡刷新了孩子们对鸡的认识，而吃过乌骨鸡的孩子可能想起骨头是黑的也许就是黑鸡，很有意思。

我们请孩子们为这只鸡宝宝取个名字，"小黑鸡"、"黑鸡仔"、"炸弹黑"、"小鸡好可爱"、"小可爱"。最搞笑的莫过于祺祺用炸弹来比喻小鸡的黑，非常有创意，而"小可爱"是大多数男女生都觉得好听又有爱的名字，我们决定取名"小可爱"。

（施冰烨执笔）

**3月24日　星期五　阴转雨**

今天，三只孵出的小鸡终于在新家团聚了，孩子们一来就兴致勃勃的观望、品头论足，更多的孩子自发用画笔去表达对小鸡的喜爱，有好几个孩子给我看他们为小鸡画的画，有的虽然简单但看得出孵蛋的经验，有的做了精心的装饰，有的好似为小鸡的出生做了记录，详细地记录孵出小鸡的鸡蛋的号码。孩子们这些自发的行为，让我们深深感到他们对小鸡的喜爱，也看出孩子们的多种表达方式与能力会被有趣的事物催化，激发起他们表达表现的欲望。

除了老大"小可爱"有了名字，老二和老三都还没起名字，孩子们忍不住啦！"小星星""小太阳""小芒果""炸弹黑"……孩子们的想法各种各样，那么多名字怎么办？"投票呗！"最后"小星星"和"炸弹黑"胜出！

任何事件的发生都对身边的人产生一定的影响。就像为了谁叫"小星星"，谁叫"炸弹黑"这个问题，还引发了新一轮的讨论。在讨论过程中发现个别孩子对三只小鸡的细微观察。有的孩子说老二的毛色更黑，所以应该叫炸弹黑，有的孩子说老三的脚是黑的所以要叫炸弹黑，最后因为老二看起来更强壮所以决定叫"炸弹黑"这个威武的名字！讨论后，其他孩子会去有意识地验证同伴刚才的说法，进行新一轮的观察。而新一轮的观察更让孩子们有了新的发现，老三"小星星"的背上有一块粘着的蛋壳成了它最清晰的辨认标志，而调皮的老大"小可爱"老二"炸弹黑"有时会试图帮老三"小星星"啄去背上的蛋壳，形成有趣的画面，而这些都是孩子们告诉我的。

我觉得孩子们在自由活动时找到了新的乐趣，而我们又找到了一个了解孩子的新途径！

（沈祎冰执笔）

### 3月27日　星期一　晴

这是小鸡来到我们中一班的第二个星期。

周末的担心果真变成了事实，一来园，朱老师告诉我"小星星"去世了。小鸡房子里还是三只小鸡，只是"老三"变成了"老四"。

孩子们来园的第一件事情就是看小鸡，亲热极了。想起有家长和我说过，孩子早上赖床时，只要一说去幼儿园看小鸡便一股脑儿地爬起来。突然觉得小鸡在孩子们心目中的地位，觉得要是他们知道了"小星星"的事情会有多难受。"要不要告诉孩子们"这个想法又在我心中纠缠了一次。来园期间还有孩子来问我，"第四只小鸡呢？什么时候孵出来？"我听了更是心一紧，明明有好消息却又不敢说。

运动结束后，我准备和孩子们好好聊聊。

"有一个好消息和一个坏消息,你们想先听哪个?"我觉得我在拖延公布真相的时间。

"好消息!"这是大部分孩子的选择,真希望只有好消息。

"我们的第四只小鸡在周末的时候孵出来了!"孩子们刚听到消息时兴奋了一下,可马上露出奇怪的表情,纷纷指着旁边的小鸡房子说"可这里只有三只呀!"有的孩子的脸色变得凝重起来。

我问:"你们还记得老三'小星星'的样子吗?"

孩子们回:"记得,'小星星'的脚是全黑的。"

我说:"那你们去看看小鸡房子里的小鸡,'小星星'还在吗?"

每个孩子都看了一遍,看完发现那只黑黑脚的"小星星"不见了。

我道出实情:"双休日的时候朱老师来看过小鸡们,那时'小星星'的腿已经站不起来,眼睛也睁不开了,他永远离开了我们。"我努力不去讲那个字,怕对孩子们冲击太大。

有孩子会一脸懵懂地问:"'小星星'去哪里了?"有孩子则心知肚明地说:"它死了吗?"

"是的,'小星星'去世了,它去了天堂。"我只能坦白。

"其实我们每个人就是从天堂来的,最后还要回到那里去!"我觉得这个问题太深刻,我都不知道怎么回答才好,但我知道,我的回答不能让大家太伤心。

"为什么? 是它吃了坏东西吗?"还有孩子不甘心地追问,可能因为之前和他们讲了新闻里海龟误食硬币死亡的新闻。

"不是,你们记不记得'小星星'刚出生的样子? 站一会儿就会跌倒,经常趴着不动,眼睛也会睁不开,不像'小可爱'和'炸弹黑'那么喜欢动?"我引导孩子们回忆,试图为"小星星"的去世寻找原因,而孩子们也纷纷点头。

"可能'小星星'没有足够的能量活下去,因为刚出生的小鸡都很弱,有的小鸡能坚持住……"我继续解释,孩子们鸦雀无声听着我的解释。

"但是我们又多了'小太阳'……"这是孩子们在上次的讨论中给"老四"留的名字,"可能就是'小星星'在要离开我们的时候请'小太阳'来的,它还告诉'小太阳'请它来代替自己陪伴我们中一班的所有孩子,其实'小星星'自己也很

第七章 一花一世界

舍不得……"我试图编造美好的故事来安慰孩子们,可是不小心把自己感动坏了,更惹哭了一些孩子,我拿着一大包纸巾和孩子们分享,同时也分享了我们的感伤。

同伴和老师的落泪可能给其他孩子带来了些冲击,孩子们不停地寻找"谁哭了",现场的氛围顿时不再那么低落。我赶快调整情绪,拿出一本早已准备好的故事书《再见,小狗》,这是一本帮助孩子面对宠物死亡的绘本故事。我不奢望通过一个故事去教会孩子什么,只是这个时间点对孩子们来说这本书刚刚好。

"生命有一个起点和一种终点……"就孵小鸡这件事情上,我们一同期盼和孩子们迎接新生命降临的同时,可能也会面对那个终点,虽然没有人希望发生,而且是在短短的一个星期之内经历这样的大喜大悲。

但如果真的来了,我们能做些什么呢? 我们要和孩子们一同勇敢地面对这个悲痛的事实。因为悲痛才会觉得生命的可贵,因为觉得可贵才能学会善待。就像孩子们在听完故事后说"我们还有小蝌蚪(需要好好照顾)"一样,他们一边在体味和享受生命的美妙过程,一边在寻求呵护其他生命中自身的价值与意义。在这个过程中让孩子们学着正视自己的各种情绪情感,体会他人或是宠物的需要。就如我们在讨论海龟误食硬币死亡的新闻时,有孩子会说"那不是真正的喜欢,就像你喜欢妈妈,不是要妈妈一直带你出去玩,妈妈也需要休息,要给妈妈捶捶背"一样,学会表达和调节自己的情绪情感。

听完故事后孩子们知道如何去安慰别人:"不要一直哭了,把它放在心里吧!"开始尝试用自己的方式去和"小星星"述说或是道别,抒发自己内心的情感。于是,班级里多了两本自制图书《再见,小鸡》(横、竖版各一本),里面记录了孩子们想对"小星星"说的心声。

《再见,小鸡》是属于孩子们自己的书,也不仅仅是一本书。

"我画了一架直升机,去天堂给小鸡送信。"

"这是我想象的天堂,有太阳和月亮,小鸡碰到了一个已经在那里的小动物,成了好朋友。"

"看,这是我画的爱心,旁边是眼泪,我哭了,但是我没有心碎,因为每次想

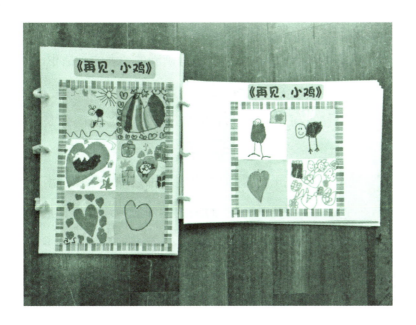

到小鸡的时候我很快乐。"

"这颗大大的爱心是我的,这颗小小的爱心是小鸡的。"

"我画了一首歌,我想弹一首曲子给'小星星'听。"

"这是'小星星',它去了医院看病。"

"这是小鸡的墓碑,我在怀念小鸡……"

"'小星星'的天堂里有叶子、有苹果树,还有花。"

"这是我和'小星星'一直在一起玩的样子。"

……

还没来得及整理所有孩子们的表达表现,但这些足以给了我一颗大大的定心丸。"小星星"的离去带给孩子们的不是死亡的阴影,而是面对死亡的勇气和对亡物的关怀。

（沈袆冰执笔）

### 3月28日　星期二　晴

班里小鸡"小星星"的去世令大家很心疼,但是在悲伤的背后,我看到了孩子们内心的勇敢与积极。

我欣赏了孩子们的自制书《再见,小鸡》,有的画寄托了孩子美好的祝愿"希望小鸡在天堂找到新的朋友";有的画记录了孩子们对小鸡的记忆"小鸡第一眼看见的是我们";有的画简单的两颗爱心涂得满满的,"大的心是我,小的心是小鸡,代表了我很爱它"。最令我感动的是一个孩子说"我们非常喜欢'小星星',当每个人去世的时候,我们都会感到心里难过。我们会忘记,但是我们的心里住着它。"

翻阅完自制书,我问孩子们,你们觉得这本书还缺什么吗? 南瓜马上举手说"书应该有一个封面",叮当补充道"封面的里面应该还有一页是专门介绍书的内容的,写一点字"。两位孩子都关注到了一本书的构成中除了主要内容还会有封面、扉页并关注里面的内容,这体现了两位孩子良好的阅读能力和习惯。

最后,我将孩子们的创意拼在封面上,小猫咪摸着封面兴奋地说"好美啊,我太喜欢这本小鸡的书啦!"YC 也来提醒我"施老师,你记得去给我们的封面打字,然后贴上去哦"。

《再见,小鸡》的自制书成为了班级里最热门的"绘本",不少孩子会去翻阅,也会在自由活动时间里找出手工纸来画一本关于小鸡的书,这让我想到了一本书《如何做一本书》,可以让孩子们了解书籍制作的整个流程,给最近热爱上创作的孩子们提供更多的思考空间,我重新翻阅了这一本书,想适时给孩子们推荐。

(施冰烨执笔)

## 【后记】

每次回看我们的教养日记,脑海中都会涌现出当天的场景。在这个课程中,我们不断跟踪幼儿的表现并思考他们能收获什么? 在顺应幼儿兴趣的同时,我们也不断地丰富自己的知识储备、获取专业知识,变得更有底气去追随孩子们的发展需要。"小星星"的意外离去又让生命教育这个沉重的话题自然渗透,引导幼儿坦然面对离别,理解生命的意义,更是体现了班本化课程的价值。

班本化课程"蛋壳里的生命",因为每一位孩子的全心投入而充满温情,也因为每一位老师、家长的用心追随而更显珍贵。

## 【附】课程实施框架

**实施班级：** 中一班

**实施时间：** 2017 年 2 月 27 日—4 月初

**课程目标：**

1. 在孵化鸡蛋的过程中通过各种途径了解鸡蛋孵化的基本条件，发现和观察鸡蛋的变化，愿意去关注关爱鸡蛋。

2. 观察和了解小鸡出壳的过程，感受新生命降生时的积极情感。

3. 和教师一起照顾出壳的小鸡仔，愿意观察和亲近小鸡，用自己的方式表达对小鸡的喜爱。

**课程内容：**

| 阶段进程 | 名称 | 主要内容 | 实施途径 | 环境材料 |
|---|---|---|---|---|
| 第一阶段 | 鸡蛋孵化 | ● 什么样的蛋能孵出小鸡？<br>● 鸡蛋需要在什么样的环境下才能孵化出小鸡？<br>● 多久才能孵出小鸡？<br>● 孵蛋的过程中怎么照顾鸡蛋？<br>＊送给小鸡的礼物（生成）<br>＊小鸡是怎么从鸡蛋里出来的？（生成）<br>● 刚生出来的小鸡吃什么？住在哪里？ | 生活活动<br>自由活动<br>谈话活动<br>家园互动 | 受精蛋、<br>孵蛋器、<br>孵蛋记录、<br>礼物墙、<br>孵蛋日记、<br>各种小鸡的家、<br>《小鸡出生啦》自制图书、<br>《再见、小鸡》自制图书、<br>百欧欢农场 |
| 第二阶段 | 饲养小鸡 | ● 小鸡叫什么名字？<br>● 怎么区分小鸡？<br>● 小鸡快快长<br>＊小鸡去世了——《再见，小狗》（生成）<br>＊没有孵出的蛋宝宝怎么办？（生成）<br>＊小鸡长大了，应该生活在哪里？——《亲爱的小鱼》（生成）<br>＊小鸡在农场的家是什么样的？——社会实践活动（生成）<br>＊小鸡，我们想你！（生成） | 生活活动<br>自由活动<br>谈话活动<br>社会实践<br>学习活动 | |

课程资源：

| 名称 | 图片 | 相关信息 |
|------|------|---------|
| 受精蛋 | 加厚珍珠棉 四周均有2厘米保护层 | 网络购买 |
| 孵蛋器 | 9枚新款升级版智能孵蛋器 30天退换货 一年免费保修 技术指导 无忧孵化 | 网络购买 |
| 孵蛋知识 | 孵化技术简要：各位初学孵化的亲！才买的小型孵蛋器，孵化第一批出雏起20.5天没有出完，孵化下一批时温度可以调高0.1到0.2度，要保证19天又18小时大量出壳，20.5天出雏结束。如果孵化前10天中途停电，可以调高温度0.2到0.3度，保证10.5天种蛋小头血管合拢，也就是除气室外，血管遍布鸡胚全身！如果10天后停电，要适当地调高孵化温度，保证17天鸡胚生长长满头，用灯照不透！ | |
| 雏鸡养护知识 | 网络 | |
| 雏鸡养育室 | 暖光强弱可调 | 网络购买 |

| 名称 | 图片 | 相关信息 |
|------|------|----------|
| ××欢农场 | | |

第七章

一花一世界

# 变废为宝

**胡　颖**（11年教龄）、**张嘉奕**（3年教龄）

这是一个关于"环保"的课程案例。课程实施时间跨越 10 周。由 10 多次各种形式的活动组成整个课程。已有课程理念："孩子在心，课程随行。"在班本化课程进行的过程中，课程理念也在更新中做到"孩子在行，课程随新"。班本化活动是充满活力和变化的；孩子是建构课程的主体；教师是活动组织的关键；资源是开展活动的要素；分享是延续活动的平台。读完这个案例，你会对班本化课程跃跃欲试！

＊请进入我和孩子们的"变废为宝"世界吧！

## 课程由来

在"我们的城市"主题下，"爱上海的理由"成了孩子们津津乐道的话题。我好奇地问："你们有不喜欢上海的理由吗？"孩子们略惆怅地小声议论："最近总有雾霾不能出去玩""小区里乱七八糟的垃圾特别多""路过好臭啊！""怎么垃圾车不来呢？"我又试着问："垃圾是从哪来的？ 又会到哪去？"孩子们用生活经验告诉我：很多垃圾都是我们自己制造的；垃圾都被扔到垃圾桶里，然后扔到外面的垃圾房里，最后被垃圾车运走了……

"垃圾"的话题在班级里一时成为热点,老师顺应着孩子们的兴趣,进行了相关书籍的投放、环境的创设,幼儿对"垃圾"也有了更多的了解,它们提出自己的想法:有些垃圾可以变得更有用,可以成为我们的玩具。于是,一系列活动就在这样的背景下逐渐开展,经过梳理和回顾,形成了现在的"变废为宝"班本化课程。

## 课程目标

在"变废为宝"系列活动中感受自主表达、协商合作、资源循环,获得成功和自豪的体验。

## 课程框架

在"变废为宝"班本化课程中,各种活动类型繁多。与日常幼儿园活动相比,课程实际使用的时间、空间、资源、形式都有所差异。例如:从活动组群来区分有集体式、小组式,家庭式;从活动功能性来区分有集体教学、个别化学习、游戏、实践等;从活动对象来区分,教师、家长、幼儿;活动时间还要根据具体内容特别制定。

综合大部分活动的特点,我把它们分为四大类:集体活动、实践活动、亲子合作活动、与环境/材料的互动性活动。

下面我们来具体看看每种活动的特点。

### 1. 活动种类介绍

- 集体活动(30 m—60 m):教师预设,主要为幼儿提供经验的共享、规则的讨论、制定所开展的集体活动。

- 实践活动(30 m—90 m):以幼儿为主体进行的操作、游戏活动。

- 亲子合作活动:幼儿在家长的协助下,在日常生活中进行的搜集类活动。

- 与环境/材料的互动性活动:主要指教师在课程中所进行的环境创设和材料提供。由于这部分内容对课程的推进有非常重要的作用,所以作为课程框架的一部分单独罗列。

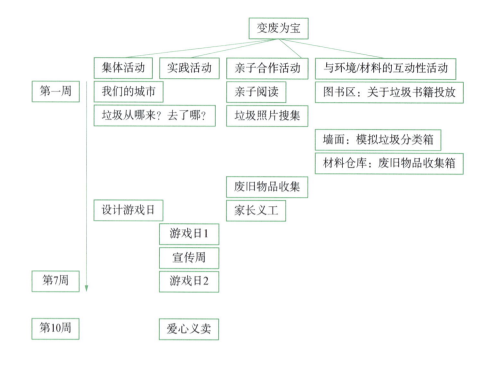

### 2. 活动开展进程

"行为和结果"是一对老冤家,讨论他们的互相作用就像讨论"到底是先有鸡还是先有蛋"那么无限循环。

以幼儿为主体的课程如何出发?我是以教师在观察及了解幼儿的经验、热点、兴趣、能力后,为支持幼儿发展需求而产生的**行为**为起点,观察幼儿的**结果行为**,思考如何继续支持与推进而产生新的**行为**为循环。所以,在看待下表的活动进程时,千万不要以为"行为"是孤立的,是教师凭空产生的。

那么弄清楚了这点,就请先从第一第二列"行为""结果—行为"的互相作用来看课程的进程,最后再配合第三列"内容"来了解具体活动开展形式。

| 行为 | 结 果 行 为 | 内容 |
| --- | --- | --- |
| 提问 | 垃圾从哪来?去哪了? | 我们的城市 |
| 书籍投放 | 自由阅读,看不懂的内容可以带回家继续看。 | 图书区:关于垃圾书籍投放<br>亲子阅读 |

| 行为 | 结　果　行　为 | 内容 |
|---|---|---|
| 阅读分享 | 1. 垃圾需要分类投放,不同种类的垃圾处理方式不同,玻璃、纸张等可以融化再造,循环使用。<br>2. 塑料瓶可以做成工艺品。<br>3. 没有提及垃圾从哪来? | 垃圾从哪来、去了哪?(部分完成) |
| 拍照记录 | 幼儿在家长的协助下,用相机记录三天内家里产生的所有垃圾。 | 垃圾照片搜集 |
| 组织分享 | 1. 在拍照记录的同时,自发地在家庭中开展垃圾分类。<br>2. 提出对某些(卷下来的铅笔屑,烟灰等)垃圾种类不明的疑惑。<br>3. 提出避免垃圾产生(点菜不要太多)。<br>4. 提出再利用(纸巾折叠使用,柚子皮放冰箱祛味,吃不完菜的打包,纸盒带来学校玩搭长城)。 | 垃圾从哪来、去了哪?(剩余部分完成) |
| 环境改变 | 1. 发现墙面上出现 4 个模拟垃圾桶。<br>2. 将搜集来的垃圾照片,分类贴在模拟垃圾桶内。 | 墙面:模拟垃圾分类箱 |
| | 1. 发现材料仓库有新的搜集箱,箱子上有标记(易拉罐、塑料瓶、鞋盒盖、自然物)。<br>2. 互相讨论猜测是不是要搜集这些材料,并向老师求证。<br>3. 带来材料直到装满箱子。 | 材料仓库:废旧物品收集箱<br>废旧物品收集 |
| 组织处理 | 1. 把它们卖掉能换钱的,这样垃圾成为钱就是有用的东西。<br>2. 提出用它们做游戏,得到热烈响应。<br>3. 尝试画出游戏的内容并介绍。<br>4. 进行交流删选,选出大家都喜欢的游戏。 | 设计游戏日 |
| 材料整理,加工,添加辅助材料 | 顺利,开心,投入,满足,有成就感。 | 家长义工 |
| 实践:游戏日 | | 游戏日 1<br>家长义工 |
| 被追问 | 1. 什么时候玩第二次?<br>2. 想请其他班级的朋友来一起玩,他们班没有。 | |
| 制作传单 | 1. 在学校门厅展示"变废为宝"作品。<br>2. 来园和离园向家长、他班同伴发传单,宣传活动。<br>3. 搜集其他参与游戏小朋友带来的废旧物品。 | 宣传周 |
| 实践:游戏日 | 一半当服务员担任维护、指引工作;一半和新加入的朋友一起游戏。 | 游戏日 2 |

第七章　一花一世界

| 行　为 | 结　果　行　为 | 内　容 |
|---|---|---|
| 实践：游戏日 | 交换 | 游戏日2 |
| 大活动 | 将"变废为宝"作品卖出，共筹得3 000＋元，捐赠给贵州贫困地区儿童。 | 爱心义卖 |

## 实施策略

在课程开展的过程中，教师的行为起到了非常重要的作用，教师为什么有这些行为？目的和思考又是什么呢？让我们一起跟随课程中的小片段来解读。

我的所知很有限，但是我能尽量多地打开知识的大门，让你们自由地探索！"

对于"垃圾去哪了"这个话题，在接下来的几天里，我收集了很多关于垃圾的书籍投放在图书区。孩子们自由阅读，把感兴趣的书带回家和爸爸妈妈一起阅读，再集体分享了解到各种信息。孩子们的讨论更多了："电池不能跟其他垃圾扔一起，它是有害的会污染土地；玻璃瓶可以放在一起压碎、融化，做成新的玻璃瓶；有些垃圾可以埋在土里，变成肥料。"

各种图书为孩子们提供了了解信息的第一手途径，他们自己阅读、理解、交谈、争论、分享，我发现孩子们的观点、兴趣、了解深度都有所不同，我的所知很有限，但是我能尽量多地打开知识的大门，让你们自由地探索。提供书籍，自由学习是一种很好的设计。

需要记住的东西，我经常会用手机拍照，没想到这种习惯也成了我班本化活动中一个成功的设计，生活总能给我们意外和惊喜。

当我们一起讨论"垃圾从哪里来？"时，孩子的生活经验显然比较丰富，平时用过的餐巾纸是垃圾，吃过的水果皮也是垃圾。为了让孩子更有意识地去观察生活中产生的垃圾，我想起了自己在需要记住东西的时候，经常会用手机拍照，于是就在班里发起了一次实践活动，在家长的帮助下和孩子们一起，用照片记录下 3 天内生活中产生的垃圾,并各自介绍。

三天以后,我的邮箱陆续收到了成堆的"垃圾照片",翻看这些照片时我有许多意外和惊喜,由于孩子们在之前的书籍中了解到垃圾处理需要分类,一些家庭给孩子们提供了多个分类垃圾桶。他们还找到了垃圾的其他用途,提出了新的疑问,"橘子皮可以放在冰箱里除臭,出去吃饭的时候要光盘这样就不会有垃圾了,铅笔屑、烟头应该算哪一类垃圾呢?"照片的记录生动又及时,不失为一个很好的设计,通过孩子们的介绍交流得出,有的垃圾是可以避免产生的,有的可以重复利用。

班本化活动的设计有时并不用很详细,先踏出扎实的第一步。

孩子们能得出这样的结论自然是让人高兴的,这可是老师心中的标准答案啊!活动就这么结束了?可我却是个行动派,除了把橘子皮放冰箱,什么垃圾可以让 6 岁的孩子重复利用,变成有价值的东西?孩子们的回答天马行空,热情高涨,可行的却不多,经过各种资料的查阅,和同事、家长的交流讨论,我决定从易拉罐、塑料瓶、纸盒、果壳这四类比较常见的开始,"鼓励孩子分类收集这四类废品,尝试再利用"。

觉得我的目标有点空旷吗?我反而觉得,班本化活动的设计有时并不用很详细,踏出第一步才会知道下一步是坑还是泥。我也不盲目,我的第一步很扎实,我会聆听、寻找帮助,我了解孩子们,他们很能干,所以我选择尝试和支持。

班本化活动的设计中,不要忽略了环境改变对孩子的影响,老师要善于以环境材料的创设为契机,组织班本活动的推进。

有一天,教室的角落里忽然出现了四个纸箱,上面有孩子们熟悉的标志,阳阳一看见就说:"这标志上写的是易拉罐,这个箱子里只能放易拉罐。"孩子们纷纷把家里的废旧物品带来学校,投入了分类箱中。当我们收集了满满的 4 箱"垃圾"后,有的孩子说把他们卖掉,垃圾场会把他们做成新的东西;有的孩子说我们可以自己把他们改装成有用的东西。我说:"如果我们自己来改造的话,能把他们变成什么有用的东西呢?"大家一阵商量后把结果都画了下来,贴在了分

第七章

一花一世界

类箱上。对于易拉罐,孩子们最视为珍宝,有玩垒高楼、建迷宫的;有打保龄球、攻击城堡的;还有摆成迷宫通道的,大家津津有味地分享着自己的想法,还起了一个好听的名字叫"罐罐游乐园"。其他材料也一一呈现出了不同的"变宝"方法。所以,还记得前面那个空旷的目标吗? 现在可以把它写完整了。

孩子们非常投入收集废旧物品,当纸箱装满了以后,生成了"应该怎么处理这些易拉罐"的讨论,结果也非常的丰富。显而易见,我成功地利用小小的环境改变组织了这次活动。在观察能力强,好奇心重的孩子中间,当环境改变后,他们会有不同的反映,教师就需要仔细观察、聆听孩子的想法,判断当前的经验、兴趣、热点程度,适时地推进。善于以环境材料的创设为契机,组织班本活动的推进。

班本化活动的设计和实施绝不是只有我一个人孤军奋战,寻找、利用、整合各类资源是我在班本化活动设计实施中 get 的新能力。

我们正式命名接下来的活动叫"变废为宝"游戏。

我告诉园领导我需要的时间和空间,邀请她们一起来参与游戏。

我和"搭班"商量游戏时的布局,分头负责的内容。

我邀请家长义工,一起为孩子们的游戏做准备。

考虑到材料的安全性和游戏的效率,我们对原始材料进行了改装。如将做花盆用的塑料瓶开口打洞;将做饰品用的贝壳钻孔上圈;将创作绘画用的纸盒衬底包边、自然材料挑选分类;将罐子清洗封口。我们实验了胶水、固体胶、双面胶、白胶,选出了最适合孩子的粘合剂;我们尝试了各种品牌的颜料、油性笔、水彩笔,选出了最适合在贝壳上作画的工具;采购了营养土、种子等辅助材料。

我和孩子一起整理辅助材料,确认游戏规则。

我们的这些工作繁琐却又必不可少,因为这都将是幼儿在游戏中遇到的问题。有了这样的准备,去除了幼儿游戏的干扰因素,提供了更多发展的时间和空间。所以,我们的"变废为宝"游戏,很投入,很尽兴。

孩子们的想法要真正去实施需要很多的支持和组织,老师要了解在孩子的行动中,哪些是力所能及的,哪些是需要事先准备的。"班本化活动的设计和实

第七章 一花一世界

施绝不是只有我一个人孤军奋战，我和同事、领导讨论，要时间要空间；我和搭班讨论，要合作要分工；我和家长讨论，要资源要义工；我和小朋友们讨论，要规则更要快乐；我们一起为活动做最充分的准备。"我发现，在组织实施班本化活动的过程中，不仅孩子们更能干了，我学会了寻找、利用、整合各类资源，老师的潜力也在不断地发展中。

> 班本化活动充满了活力，她的生成、设计、文化影响无处不在。

"变废为宝"游戏结束以后，我想这个班本化活动也应该告一段落了，可孩子们第二天就来问我："老师，我们什么时候再玩变废为宝的游戏？""我想请我的朋友也来玩，太好玩了。"在孩子们的心里，活动依然还有着旺盛的生命力。

经过讨论，我们决定开展一周的宣传周，在幼儿园邀请其他 4 个班级的小朋友们一起搜集日常生活中的废旧材料，并加入我们的游戏中。孩子们分成了 5 组，每天上学、放学的时候都在学校的大厅里宣传，有的发传单，有的讲解，还有的展示我们上一轮变废为宝游戏的作品，向家长、同学们展示自己的热情。

1. 游戏日

经过一周的宣传周，我们又收到了很多其他小朋友收集的废旧物品，游戏日又要来临啦。在这次的游戏日中，大一班的小朋友们一天当客人，依然参与游戏，另一天又多了一个任务——小义工，指导其他班级初次参加游戏的小朋友们。这两天的游戏日即满足了孩子们的心愿，又提高了交往能力，培养了任务意识。

2. 爱心义卖

在圣诞节来临的日子里，孩子们将变废为宝游戏的作品作为爱心义卖的商品，将义卖所得的钱捐献给了贫困山区儿童，这些废品真的变成了宝贝！

如果不是大班的小朋友们毕业了，我也不能确定"变废为宝"还能有怎样的发展，班本化活动充满了活力，她的生成、设计、文化影响无处不在。孩子在心，课程随行——是班本化活动的精髓，更是作为教师牢记于心的教导，在班本化课程的实施中，我更体会到教育的无穷智慧。

# 活动集锦

**小房子的新家**

选自大班《学习》书"我们的城市"主题中的素材点

目标：

1. 听故事，了解小房子变化的过程，感受城市变化。

2. 联系实际生活体验，关注环境的改善，为周围生活环境越来越好而高兴。

准备：共同收集上海代表性的建筑（东方明珠、国际会议中心、上海科技馆）、古老建筑（外滩、城隍庙等）、幼儿家门前的房屋照片、图画书《小房子》或故事PPT、纸和水彩笔。

流程：

一、交流谈论

1. 观察各种幼儿熟悉的上海代表性房屋照片，说说他们的名称和特征。

2. 将收集到的房屋照片按新老房子或老房屋作界定，分别放在两款展示板上，幼儿分别介绍。

（1）提问：你从哪里看出它是老房子还是新房子？

（2）重点观察：老房子和新房子的区别和特点。

3. 幼儿讲家门前的房屋照片，按新房子或老房子贴在展示板上，或介绍它在哪里？或介绍它的功用。

4. 谈论各自喜欢哪种房屋，思考为什么我们周边会保留很多古老的房子？

小结：老房子有老房子的特色，也是城市一道靓丽的风景线。

二、倾听故事：《小房子》

1. 倾听故事前半部分——了解原来小房子生活的田园风光。

2. 倾听故事后半部分——了解城市化为小房子的周围带来的变化，如宽阔的道路、便捷的交通、方便的生活、热闹的居住环境……

3. 根据故事结尾思考：小房子为什么不喜欢城市的生活，（高楼遮挡了阳光、灯光使星星黯淡、周围缺少绿化、人来车往、十分吵闹等。）怎样才能使小房子保留下来？请你想想办法，画一画。

> 故事中的"城市"，带入幼儿实际生活经验就是指上海。

> 从这里开始讨论：不喜欢城市的理由——垃圾多

三、图书区：关于垃圾书籍投放

基于幼儿对"垃圾"问题的关注，可能引起幼儿进一步的兴趣，对环保也非常有价值，所以，老师选择了一些"垃圾"书籍投放在阅读区。幼儿通过一段时间的自主阅读、亲子阅读后，在日常活动间隙总有一些经验和话题跟老师同伴分享。

**垃圾从哪来？去了哪？**

目标：围绕话题"垃圾从哪来，去了哪？"分享自主阅读/亲子阅读中得到的信息。

准备：

1. 活动预告，请家长一同准备幼儿分享的资料。

2. 根据幼儿表达能力的不同，指导家长准备不同形式的材料，如 PPT，海报，照片，实验等方法。

3. 统计参与分享介绍的幼儿人数，预估活动时间，相同类型的排好顺序。

流程：

1. 导入：最近，大家对于"垃圾"的话题特别有兴趣，我一直听见你们在讨论，阅读区也有很多关于"垃圾"的书，今天我们就把自己了解的一些"垃圾故事"分享给大家。

（幼儿分享信息，教师根据重点关注的信息，及时抛出讨论的问题。）

2. 垃圾分类、处理

重点关注：垃圾能怎么分类？分类的好处是什么？我们可以怎么做？

3. 垃圾回收利用，资源循环

重点提问：哪里垃圾适合我们自己收集？

4. 垃圾从哪里来？

> 原本活动计划进行一课时，结果"垃圾从哪里来"这个话题在自主阅读和研究中完全没有体现。幼儿从印象中，从讲道理的层面上回答这个问题，但是我觉得并不深入，没有直观地体验过垃圾的产生，不贴合生活实际情况。于是开展了"垃圾照片搜集"的后续活动后，再进行分享讨论。

重点提问：怎么减少垃圾的产生？（循环利用，合理使用，避免浪费）哪些垃圾是可以循环利用的？

① 亲子合作：垃圾照片搜集

要求：请爸爸妈妈帮忙，用手机拍照记录三天内家里产生的垃圾，发送到老师邮箱。

② 照片分享

要求：根据照片介绍你的记录情况和感受，思考怎么减少垃圾的产生？/介绍你已经怎么做的？（如何循环使用？）

| 我的邮箱收到一堆"垃圾照片" | 铅笔屑属于哪<br>哪类垃圾？ | 电池要单独收集<br>不然会污染土地。 | 橘子皮放进冰箱<br>可以除异味。 |
|---|---|---|---|

③ 墙面：模拟垃圾分类箱

　　在"垃圾照片分享"中幼儿体现出两个大兴趣点，一是将垃圾分类，二是垃圾循环利用，后来我们称为"变废为宝"。

　　虽然在"垃圾照片搜集"活动开展时教师并没提出垃圾分类要求，但是从反馈照片来看，不少家庭在这三天里为孩子提供了垃圾分类的支持，其他的孩子也非常想将自己搜集的垃圾进行分类。所以，教师在墙面上布置了四个"垃圾桶"并将垃圾照片打印出来，幼儿在游戏时可以满足分类的兴趣。

④ 材料仓库：废旧物品收集箱

　　材料仓库是班级里一直有的区域，从中班开始就开始收集特定材料，例如圆圆的，长方形的，正方形的以这些特征分类。为满足幼儿"变废为宝"的实践兴趣，教师经过观察，教研讨论，查阅资料等方式，最终预选了5种可能成功操作并且常见的废旧物品来作为搜集对象。塑料瓶，易拉罐，壳（果壳，蟹壳），纸类（含纸盒，盒盖，报纸等），季节自然物（正值秋季，有丰富的落叶和果实）。

⑤ 亲子合作：废旧物品收集

向家长宣传课程进展，请配合帮助幼儿收集废旧物品。

**设计游戏日**

目标:

1. 通过交流讨论,尝试设计"变废为宝"方案,并和同伴介绍。

2. 选出最喜欢的方案若干,确定"游戏日"内容。

准备:

1. 已收集五种废旧材料:塑料瓶,易拉罐,壳,纸类,季节自然物。

2. 废物改造利用图片。

3. 手工纸,笔。

流程:

一、讨论:材料箱满了怎么办? 我们怎么让这些废旧材料"变废为宝"?

二、跟进:幼儿提出方案的可行性讨论。

1. 教师导语预设:

塑料瓶可以用来做什么? 你自己能做吗? 还需要增加其他工具吗? 易拉罐很硬,不能裁剪。除了观赏,易拉罐能作为游戏的道具吗? 你能想出哪些游戏?

(这部分预设可以根据幼儿的能力选择性地使用)

2. 提示:根据幼儿经验可能会提出用塑料瓶做出各种工艺品造型,要引导幼儿讨论出他们自己能做到的方案。

三、设计图纸:游戏日内容设计

1. 要求:请画一画,这些材料能变成什么,或者用来怎么玩?

2. 介绍后选出能实际操作,幼儿喜欢的内容。

3. 初步布置游戏区域招牌。

后续:活动后根据幼儿的设计和需求,增加其他必需工具如彩笔、白胶、彩绳、木珠、营养土、种子;进行废旧材料的整理,分类,初步加工(塑料瓶打孔等工作)

家长义工活动

内容：

1. 整理,分类,初加工废旧物品材料。
2. 邀请游戏日当天家长义工参与区域秩序维护,进行要点说明。
3. 一同布置游戏区域。

**"变废为宝"——宣传日和兑换日**

目标：

1. 参与各个区域的制作、游戏活动,利用废旧物品的自身特点进行循环利用。
2. 感受废物利用的乐趣,体验成功。
3. 幼儿通过分组游戏,尝试参与游戏区域的维护,感受宣传"变废为宝"的成功和乐趣。

材料准备：

① 废旧物品收集与分类：塑料(纸、盒、瓶)、纸(纸、盒)、金属(易拉罐)、自然物(果壳、贝壳、秋叶)。

② 工具与辅助材料：画笔、颜料、白胶、麻绳、皮绳、剪刀;种子,营养土,喷壶等。

③ 区域布置：区域招牌,区域家长义工。

④ 区域布置：幼儿分成两组,一组参与游戏,一组代替家长义工维护游戏秩序。

游戏内容：

1. 瓶瓶小花园

材料：塑料瓶,麻绳,即时贴,超轻黏土,剪刀,打洞机;营养土,种子,多肉植物,彩石,喷壶。

玩法：将塑料瓶改造成小花盆。

难点：用剪刀在塑料瓶上开洞。

后续：布置植物角,照料植物健康生长。

2. 贝壳首饰铺

材料：各种壳、螺,硬纸板,彩色吸管,彩色纸条;皮绳,开口圈,木珠;剪刀,双面胶,白胶,打孔钳;设计图(表),水彩笔。

玩法：设计属于自己的首饰并制作。

难点：画设计图,按设计图制作。

后续：设计图与成品分享。

3. 罐罐游乐园

材料：纸盒,易拉罐,报纸,封箱带。

玩法：幼儿自行设计。

难点：规则的协商、游戏材料的布置与运行。

后续：玩法与规则分享。

4. 自然创意屋

材料：鞋盒，自然物，毛笔，颜料，压花机，水彩笔，麻绳，剪刀，白胶；沙子。

玩法：用黏贴、添画的方式在鞋盒内自由设计。

难点：发挥想象，自由创作。

后续：作品创意与含义分享。

**宣传周**

目标：

1. 通过海报，传单，作品展示等方式向家长，其他班级幼儿（同伴）宣传"变废为宝"游戏的乐趣和意义。

2. 鼓励同伴收集更多的废旧物品循环利用，邀请同伴参与兑换日活动。

内容：

1. 准备海报，传单，作品。

2. 幼儿分组、分工，在来园，离园时间段轮流在门厅向家长，其他班级幼儿宣传"变废为宝"游戏的乐趣和意义。

3. 继续收集其他班级幼儿带来的废旧材料，换取游戏券。

4. 安排：周一、二、三为宣传日；周四、五为兑换日——用废旧材料兑换游戏入场券。

海报，传单

发传单　　　　　　　　　　介绍作品

**收集材料换游戏券**

**爱心义卖**

在"圣诞集市"亲子大活动中,各班都捐出物品来参与集市买卖,通过该活动将筹集到的善款如数的捐给慈善团体,帮助贫困山区的家庭,让他们的生活能够适当的改善,让他们能够过上一个充满浓浓爱意的新春佳节! 接着这样的背景,大一班将"变废为宝"游戏中的所有作品捐出来作为"爱心义卖"的商品,将这些原本是"垃圾"的物品真的变成了"宝",捐献给了需要帮助的人。如果不是学期结束了,我也不能确定"变废为宝"还能有怎样的发展,班本化活动充满了活力,她的生成、设计、文化影响无处不在。孩子在心,课程随行——是班本化活动的精髓,更是作为教师牢记于心的教导。

爱心义卖

# 如果我是一本书

**邵　怡**（**19 年教龄**）

初识"班本化课程"，便源于"如果我是一本书"。整个课程从最初的生成到架构，是一个追随幼儿视角、遵循课程理念、预设与生成交织的动态发展过程。"如果我是一本书"的班本化课程体现了"孩子在心，课程随行"的教育理念，遵循了"一日活动皆课程"的大教育观。教师在班本化课程中并非主导者，而是一个引路人和圆梦者。

## 一、"如果我是一本书"之"培养目标"

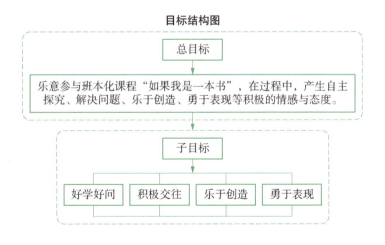

目标结构图

## 二、"如果我是一本书"之"来龙去脉"

一次偶然的机会，我遇到了绘本《如果我是一本书》。出于喜爱，我把它带到了班级的图书角。不多久，就吸引了我们班的小书虫们。"这真是一本有趣的书!"他们如实说,"邵老师,你看!书可以变成那么多有趣的样子!"他们的喜爱之情被我尽收眼底。于是,我决定顺应孩子的需求,以这本书为素材,设计他们喜欢的集体活动。

"如果我是一本书"的活动就这样拉开了序幕……

### 1. 兴趣是最好的老师——把握兴趣点,生成活动

活动初衷很简单,就是想把孩子喜欢的给予孩子。这是一本孩子们喜欢的绘本——画面简洁、富有想象力,语句优美、富有节奏感。非常适合我们班爱看书的孩子们。再分析班级孩子的特点:中班下学期的他们已经积累了一定的读图经验,他们能够根据简单的图画来理解文章的内容。于是,一个围绕着绘本《如果我是一本书》而设计的绘本欣赏活动就诞生了。

在活动中,孩子们被绘本中富含想象力的画面和文字所吸引,沉浸其中。在"表达与分享"的环节中,孩子们的想象力和表达力更是让我感到惊讶,他们已然能够将自己生活中的一些点滴经验与绘本中的知识联系起来,并模仿绘本中的语句来表达。于是,我请每个孩子都走了上来,大胆地在同伴面前表达。效果出奇地好,每个孩子都像小诗人般,享受着创作与表达的乐趣。

一次快乐的生成活动落下帷幕。之后我发现,孩子们仍意犹未尽。在当天的角色游戏中,更是有孩子在小舞台表演起"如果我是一本书",并且还用绘画的方式制作了道具。突然,一个念头涌上心头:既然是孩子喜欢的活动,为什么不能设计成一系列的班本化活动呢?

> 兴趣是最好的老师,这是亘古不变的道理。活动的生成源于孩子的兴趣,而班本化活动的产生基于孩子的需要,是为了满足孩子的需求而生成的。

### 2. 生成活动是课程架构的基础——梳理经验点,预设课程

有了打算,便有了行动——我设计、开展了第二教时的活动:结合孩子们自身兴趣,请他们将自己的想法用绘画语言表达出来——"如果我是一本书,我会怎么样呢?……"

在第一次活动的基础上,孩子们展开了更为大胆、有趣的想象……也许他们天生就是诗人和画家,每个孩子的想象世界都与众不同。我不由得惊叹——

孩子们的语言是如此充满童趣,想法是如此丰富多彩,以他们独特的视角诉说着对生活的感悟和对世界的认识。

记录着孩子们的童言稚语,收集着孩子们一张张最稚朴的画作,一个念头涌上心头:如果把这些编辑在一起,不就是一本最精彩的书吗?于是,我又有了新尝试——对孩子们的作品进行编辑,制作成了一本属于他们自己的《如果我是一本书》。这一想法立即得到了家委会成员的关注,大家觉得:如果能够把孩子们的作品变成一本真的书,这是一件非常有意义的事情。经过家委会成员的讨论、策划,制作图书的想法终于得以落实——孩子们有了一本真正的属于他们自己的《如果我是一本书》。

接下去的活动怎么开展?对此我又有了新的思考:班本化课程并非局限于集体教学活动,其形式可以是多元化的。我们要打破固有的思维,在"一切以孩子为本"、"一日活动皆课程"的课程理念下设计活动。于是,结合班级幼儿的最近发展区,我们做了如下的课程预设:

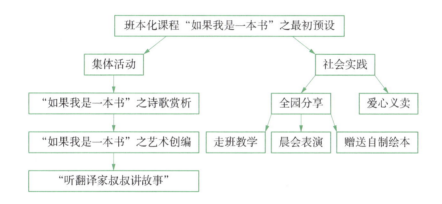

从一个生成活动到班本化课程的发展,离不开教师对于孩子的观察和判断,只有观察孩子的行为,才能获悉他们需要什么,从而再生成适合于幼儿发展的活动。这是一个经验积累的过程,也是一个不断前进的创造性过程。

### 3. 孩子是课程的主人,我们是幕后助力——结合多方资源,共同推进课程开展

在班本化课程开展过程中,我们为幼儿创造了很多机会。作为教师,我不

仅是他们身后最直接的支持者，还要为他们的想法搭建平台。通过创编图书、爱心义卖、诵读会、图书捐赠一系列活动的设计，在每一个活动中将孩子们隆重"推出"，让他们成为活动的主角，创造多种机会鼓励他们自主表达与表现。

活动的顺利开展，还离不开多方资源的支持。例如，幼儿园资源、家长资源和社会资源等。幼儿园拨出资金，添置了《如果我是一本书》的绘本，创设了阅读角；家委会也是强劲推手，拟定出书方案、设计图书封面、排版、印刷，共同策划爱心义卖活动等；我们还请来了《如果我是一本书》的译者，请他来给孩子们说说关于"一本书"的故事，和孩子们进行《如果我是一本书》的现场问题互动。多方资源，共同推进我们的班本化活动顺利开展。

从最初的一个兴趣点，到生成活动，再到班本化课程的架构，融入颇多。孩子的兴趣和表现是首要条件，教师的倾听和支持必不可少，多方资源的推动也是班本化课程的推手之一。

### 三、"如果我是一本书"之"课程架构"

在多方资源的共同推进下，"如果我是一本书"的班本化课程日趋丰富和完善——除了最初的集体教学活动外，又生成了"翻译叔叔讲故事"、"爱心义卖"、"晨会表演"、"联谊活动暖"等活动。

我们遵循"一日活动皆课程"的课程观，将班本化课程的推进渗透于幼儿的

班本化系列活动"如果我是一本书"主题框架建构

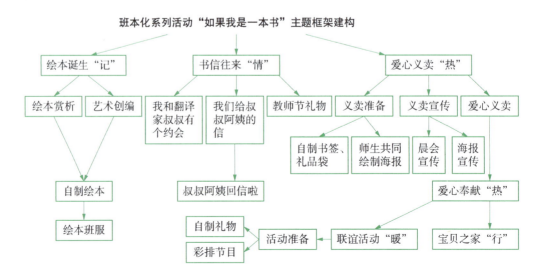

第七章
一花一世界

一日活动中。如，在谈话活动中，孩子们共同策划了"爱心义卖"的方案。利用个别化学习时间，设计、制作了礼品袋、书签、海报和宣传单等。结合值日生工作，进行了义卖宣传。还运用晨会表演的机会，向全园的师生们传递了我们的班本文化。利用来园时间，实施了"爱心义卖"活动。

### 四、"如果我是一本书"之"精彩活动"

这里，为大家挑选了班本化课程实施中不同阶段的五个活动进行分享。希望以此让大家进一步走进班本化课程"如果我是一本书"，对整个课程的实施和架构有更多的了解。

● **活动一：绘本《如果我是一本书》赏析活动**

目标：

1. 理解画面所表述的含义，感受书与我们的生活密不可分以及带给我们的无限想象。

2. 萌发爱书的意愿，愿意大胆表述自己对于书的各种想象。

准备：绘本PPT、纸、笔。

流程：

一、走近"我"，认识"我"（谜语导入，点燃幼儿爱书的热情）

1. 导入：今天，我给大家带来了一首小诗，想听听吗？

我，

四四方方，

有时薄，有时厚，

我，

喜欢收藏，

藏着天，藏着地，

藏着这世上的所有……

2 提问：诗里的"我"究竟是谁？（书）你们喜欢书吗？为什么？

3 小结：书是我们最好的朋友，它能带给我们许多的知识和无限的想象。

二、打开"我"，解读"我"（解读绘本，感受书与我们的生活密不可分）

过渡：今天，我们就要来看一本关于书的故事，名字叫《如果我是一本书》。（出示封面）

提问：什么是"如果"？（假如，作者和画家大胆的想象。）

1. 猜测"我"

(1) 过渡：如果我是一本书，"我"会干什么呢？请你们先仔细地看一看这些图片。（图一：狮子；图二：蜗牛；图三：火车；图四：花；图五：牛仔）

(2) 提问：这些图片有什么有趣的地方？（书变成了各种事物）为什么"书"变化成了狮子、蜗牛壳、山洞和花朵？它可能在告诉我们什么？请大胆地想一想，猜一猜。

(3) 小结：每一本书都有不同的世界。如果我是一本书，会带给你不一样的精彩。

2. 细读"我"

(1) 过渡：让我们完整地欣赏一下这个绘本。（完整阅读）

(2) 提问：让你印象最深刻的是哪一幅？为什么？（抓住每一幅作品的画面所表达的意义，以及语言和画面的联系）

(3) 小结：书本是我们生活中不可缺少的朋友。它给予我们知识，带领我们去探索精彩的大千世界。

三、表达"我"，分享"我"

1. 创作"我"

要求：如果你是一本书，你想对大家说什么呢？请你用好听的话儿说一说、用想象的画笔来画一画你的想法吧！

2. 分享"我"

将孩子们的作品组合成一本属于我们的《如果我是一本书》。

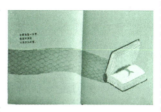

原著

幼儿绘本雏形

绘本成品

### 活动二：书信往来情

原著《如果我是一本书》的翻译叔叔曾给孩子们讲过故事，是孩子们的老朋友。所以，当自制绘本印出后，大家马上就提出给翻译叔叔和出版社的叔叔阿姨寄上自己的绘本。于是，孩子们行动起来，设计贺卡、讨论写信内容、在书上签名、包装绘本……

这是一家远在北京的童书出版社。那里的叔叔阿姨在看到了孩子们自己制作的《如果我是一本书》后，感动极了。总编、编辑、行销部的叔叔阿姨们一起给我们写了一封图文并茂的回信。

孩子们看着、听着、读着叔叔阿姨给我们的肯定和祝福，既开心又自豪！我们因"一本书"结缘，成为朋友。

我们寄给编辑社及翻译叔叔的信和绘本。

翻译叔叔及出版社叔叔阿姨们的回信和礼物

### 活动三：爱心义卖热

● **义卖活动准备篇**

1. 孩子的策划及讨论

计划已久的义卖活动将于感恩节举行，孩子们一起策划义卖活动有了许多好主意，让我们一起来听听他们的心声吧：

朱语馨：可以给我们的书设计一个漂亮的礼品袋，大家看到这么漂亮的袋子就想买书了。（很棒的促销手段哦！）

陆添宸：可以从家里带一些爱心贴纸，买书的小朋友就给他发一张。（已经有一定的爱心义卖经验啦！）

袁心泓：可以买一本书，送一个玩具。（老板很慷慨，生意一定好！）

王昱涵：义卖的时候，我们需要喇叭，让路过的人听到都来买！（有宣传的意识哦！）

徐启绫：我们可以编个广告词来叫卖！（哈哈，"我们的城市"主题经验深入民心啊！）

沈心意：我们可以画张大的义卖广告贴在门口，吸引大家来买！（很好的广告宣传哦！）

汤思源：我觉得可以把我们的签名放在书上。（好有著作权的意识啊！）

幼儿自制礼品袋及书签

朱语馨：可以在义卖的旁边放一块拍照的道具板。这样肯定能吸引大家的眼光。（朱总的想法总是这么老道啊！）

说干就干，大家兴致勃勃地为义卖设计了定制版的礼品袋和书签。还设计了义卖宣传单和义卖海报。

义卖海报及义卖宣传单

2. 家长的支持及准备

在孩子们准备的同时，家委会会议也讨论得如火如荼。通过微信互动，大家群策群力共同商议义卖活动。

微信群讨论及义卖征询单

● 义卖活动宣传篇

要想活动做得好，宣传工作少不了！孩子们通过义卖前几天的"义卖海报"、"义卖宣传"和"义卖热身会"等推广活动，成功地唤醒了世纪部家长和小朋友们对于义卖的热情和爱心。

爱心义卖宣传小组

爱心义卖晨会宣传

● 义卖活动现场篇

记"如果我是一本书"之爱心义卖活动

11月24日

感恩节/义卖日

寒冷/火热

感恩节的早晨，寒冷但又温暖。孩子们期盼已久的"如果我是一本书"爱心义卖活动终于火热地拉开序幕。天寒地冻也浇不灭我们对义卖的热情，因为这是我班孩子的共同心愿——向世纪部所有的小朋友和大朋友们推荐我们的绘本《如果我是一本书》，并将义卖所得捐献给儿童医学中心的白血病患儿。

大家早早地来到校园，换上了"如果我是一本书"班服，戴上"爱心天使"头饰，精神抖擞地上岗了。看！大门口，"爱心天使们"整齐地站成两排，整齐、响亮的声音充满着热情："如果我是一本书爱心义卖欢迎您！感谢您对我们义卖的支持！"瞧！义卖摊位上，"义卖天使们"认真负责。"收银员"、"抽奖员"和"爱心贴发放员"各司其职，礼貌、热情地接待着每一位顾客。听！台阶上，传来了"爱心天使们"的朗诵声："……如果我是一本书，我最希望听到有人说：这本书改变了我们的人生。"宣传声、叫卖声、朗诵声、欢笑声，不绝于耳。义卖活动在小天使们的共同努力下，井然有序地开展着。

《如果我是一本书》的原著翻译——彭力叔叔也来到了义卖现场为我们助力！"在感恩节，能够参加冰厂田幼儿园世纪部大三班的爱心义卖，我感到非常温暖。感谢孩子对于这本书的喜爱！也感谢孩子们创作了如此精彩的《如果我是一本书》，这是一个非常有意义的活动！"彭叔叔不但为孩子们签名留念，还将自己带来的原著《如果我是一本书》作为义卖书籍进行捐赠。

义卖活动结束后，我问孩子们有什么感受？"我感到很开心。""我觉得心里甜甜的。""我觉得就像双十一秒杀那样兴奋！"孩子们兴奋地说着、快乐地表达着……这份快乐来自我们的绘本被大家喜爱的成就感；这份甜蜜来自关爱他人的快乐！爱，是乐意付出；爱，是乐于帮助！

"如果我是一本书"爱心义卖，让我们度过了一个意义非凡的感恩节。在活动中，孩子们懂得了"爱"——爱的付出与收获；学会了感谢——感谢在此次爱心义卖中所有支持过我们的小朋友、大朋友们；并传递了温暖——心火在燃烧，爱心在传递，温暖在延续……

感恩节义卖活动现场

### 活动四：联谊活动暖

似乎是受了爱心义卖"余震"的影响，我们大三班的孩子在听说了聋康中心的一群特殊的朋友们后，提出想见见他们，并表示要把我们爱心义卖的钱捐一部分出来给他们买礼物。还要把我们最宝贝的《如果我是一本书》也送给他们。于是，在和孩子们商议以后，又一个暖心活动"手拉手，心连心——聋康中心联谊活动"诞生了！

## 活动方案

幼儿外出活动方案

| 活动日期 | 2016 年 12 月 21 日<br>至 12 月 9 日<br>（一周内晴朗的天） | 活动时间 | (8:45——10:45) |
|---|---|---|---|
| 活动地点 | 聋康中心 | 活动班级（年级） | 大三班 |

| | |
|---|---|
| 活动方案 | 名称：班本化系列活动——手拉手，心连心<br>目标：<br>1. 和聋康中心的小朋友一起举行迎新派对，并向他们介绍我们自制图书《如果我是一本书》。<br>2. 在联欢派对中，感受爱心奉献的快乐，体验帮助别人是一件快乐的事。<br>准备：<br>1. 和聋康中心的教师预约派对时间。<br>2. 幼儿每人准备一份自制小礼物。班级共同准备一份礼物——《如果我是一本书》的原著和自制绘本。<br>3. 幼儿准备节目"如果我是一本书"、"英语歌曲联唱"。<br>4. 预约家长义工——摄影义工、安全义工。<br>流程：<br>在教师和家长义工的陪伴下步行至聋康中心。<br>一、我和你，手拉手<br>1. 找朋友<br>和聋康中心的小朋友自由结伴，介绍自己。<br>2. 送礼物<br>将自己准备的小礼物赠送给结伴的好朋友，并送上祝福。<br>二、我们的图书，我们的演出<br>1. 介绍我们的自制绘本<br>向聋康中心的小朋友介绍我们的自制绘本并进行赠送。<br>2. 表演"如果我是一本书"<br>集体朗诵表演——"如果我是一本书"<br>三、拉拉钩，好朋友<br>1. 共同制作绘本《如果我是一本书》。<br>2. 帮助他们将作品制作成一本绘本。<br>3. 互留联系方法，成为好朋友。 |
| 配班人员<br>及任务 | 人员配备：<br>邵怡、崔琳斐——活动指导<br>马卫莲——生活保育<br>家长义工两名——摄影摄像、配合活动 |
| 备注 | 幼儿准备：自制小礼物<br>学校准备：安全教育、情感教育 |

和聋康中心的孩子相互认识、自我介绍　　向聋康中心的幼儿赠送自制贺卡

幼儿代表向聋康中心幼儿赠送礼物《如果我是一本书》　　帮助聋康中心幼儿制作属于他们的《如果我是一本书》

幼儿代表表演　　　　　　集体合照

## 五、"如果我是一本书"之"我的收获"

初尝班本化课程至今,作为一名直接参与者,我获益匪浅。可以用 PDCA 四个字母来说明我在班本化课程过程中的一些思考:

P-plan(**课程计划**)建立在孩子的特点以及兴趣点上。

D-do(**课程实施**)体现孩子是课程主体的理念。在整个班本化活动的实施过程中,共同参与、共同策划,教师和其他资源只是助推者。

C-check(**反思与调整**)小结前一个活动中的优势和不足,及时反思和调整。

A-action(**活动推进**)根据活动中孩子的需要,和他们共同商议,继续推进。

通过"如果我是一本书"的班本化课程,我们欣喜地发现:孩子们进步了,成长了;更让我们快乐的是,活动中他们始终不变的兴趣和热情。"如果我是一本书"是一次对班本化课程生成和开发的实践与努力,行进在这条路上,也许并非一帆风顺,但我坚信:只要我们用心观察,用心思考,用爱坚持,那么精彩必定在不远处等待着我们。

可以说,"如果我是一本书"不但带动、激励了班内的师生和家长,还影响了园内的许多师生和家长,甚至感染、带动了一部分社会人士。举全村之力,全村亦获益。"如果我是一本书"的班本化课程,成为了我们班的一种文化象征,它具有文化特有的感染力和传播性。它唤醒了孩子们内心的种子,渗透在孩子们的一日活动中,并悄然形成一种文化风潮,正影响、感染着身边的每个人……

# 参考文献

［1］ 毕甜甜.幼儿园户外场地游戏功能研究——以建构游戏和角色游戏为例［D］.华东师范大学,2016.

［2］ 陈静,杨已洁,朱静芸.生活取向的幼儿园班本课程［M］.南京师范大学出版社,2005.

［3］ 樊万奎,王永奎.对家长参与课程评价的思考［J］.教育科学论坛,2010(4).

［4］ 范莹莹.如何开展网络教研活动初探［J］.速读(旬刊),2016(7).

［5］ 顾荷英.生成课程的源泉是关注幼儿［J］.上海教育科研,2010(11).

［6］ 郝明君,靳玉乐.教师文化的变革［J］.中国教育学刊,2006(3).

［7］ 胡洁雯,李文梅.赋权增能：教师专业发展的新视角［J］.中国矿业大学学报(社会科学版),2011,13(2).

［8］ 黄菊芳.幼儿园课程资源开发利用初探［J］.学前教育研究,2007(7).

［9］ 黄晓伟.教师的课程意识及其向课程行为的转化［J］.新课程研究(下旬),2015(2).

［10］ 蒋晨晓.幼儿园音乐课程实施个案研究——以安徽省合肥市 A 幼儿园为例［D］.西南大学,2012.

［11］ 蒋慧.幼儿兴趣的理论思考：概念厘清与价值分析［J］.广西师范大学学报(哲学社会科学版),2013,49(5).

［12］ 教育部基础教育司.《幼儿园教育指导纲要(试行)》解读［M］.江苏教育出版社,2002.

［13］ 卡洛琳·爱德华兹,等.儿童的一百种语言［M］.罗雅芬,等,译.南京师范大学出版社,2006.

［14］ 李红雨.幼儿园环境创设［M］.北京师范大学出版社,2013.

［15］ 李季湄,冯晓霞.《3～6 岁儿童学习与发展指南》解读［M］.人民教育出版社,2013.

［16］ 李建忠.学生参与课程实施研究［D］.闽南师范大学,2014.

［17］ 李雁冰.课程评价论［M］.上海教育出版社,2002.

［18］ 梁周全,尚玉芳.幼儿游戏与指导［M］.北京师范大学出版社,2011.

［19］ 刘胜华.教师的课程意识向行为转化过程分析［J］.当代教育理论与实践,2014(4).

［20］ 卢乐山,林崇德,王德胜.中国学前教育百科全书：心理发展卷［M］.沈阳出版

社,1995.

[21] 罗伊·鲍迈斯特,约翰·蒂尔尼.意志力[M].丁丹译.中信出版社,2017.

[22] 马灵君,李玲玲,闫晓琳.形成性评价在幼儿园课程实践中的应用[J].学前教育研究,2019(9).

[23] 曲静.园本教研:怎样开展主题式网络教研[J].学前教育新视野.2016(3).

[24] 上海市教育委员会教学研究室.幼儿园,课程领导力在生长[M].上海科技教育出版社,2019.

[25] 宋丽芳.浅议制定班级计划的意义[J].华夏教师,2014(9).

[26] 宋振韶.教育领域中新资源观的兴起及其内涵[J].基础教育课程,2004(6).

[27] 谈心.教师观察幼儿存在的问题及对策——基于W州幼儿教师观察幼儿现状的调查[J].学前课程研究,2009(11).

[28] 田波琼.幼儿园课程权力运作研究[D].西南大学,2014.

[29] 田沄锘.环境的开放性与大班幼儿角色游戏开展的研究[D].华东师范大学,2015.

[30] 王启康.论评价的心理机制——兼论情感和认知的内在关系[J].南京师大学报(社会科学版),2014(6).

[31] 吴红川,王东渝.学生应作为主体参与课程实施[J].中国教育学刊,2015(12).

[32] 向海英.幼儿园课程创生的资源开发与利用策略[J].学前教育研究,2013(10).

[33] 谢淑海.走向学生参与的课程实施[D].西南大学,2007.

[34] 鄢超云.学前教育评价[M].高等教育出版社,2010.

[35] 闫艳秋.小班幼儿社会性发展与入园焦虑的关系研究[D].云南师范大学,2016.

[36] 严仲连.幼儿园课程实施适应取向的内涵、特点及影响因素[J].学前教育研究,2010(2).

[37] 俞芳.信息技术支持下的幼儿教师专业发展研究[D].华东师范大学,2015.

[38] 虞永平.以班级为基点的幼儿园课程建设[J].早期教育,2005(5).

[39] 袁美英.《幼儿园课程资源丛书》评介[J].早期教育(教师版),2014(12).

[40] 约翰·杜威.我的教育信条:杜威论教育[M].彭正梅译.上海人民出版社,2017.

[41] 张华.课程与教学论[M].上海教育出版社,2000.

[42] 张婉莹.近十年我国幼儿社会性发展评价研究文献综述[J].早期教育(教科研版),2013(7).

[43] 章晓薇.应用App进行幼儿观察记录研究[D].华东师范大学,2017.

[44] 郑楚楚.中国幼儿园教师赋权的现状、问题及发展对策研究[D].华东师范大学,2017.

[45] 朱凌雪,朱晓磊.网络教研:一种促进教师专业成长的新型教研模式[J].中国多媒体与网络教学学报(上旬刊),2018(7).

[46] 朱若华.幼儿园活动区材料投放方式与儿童行为的研究[D].华东师范大学,2005.

[47] Friend M., Cook, L. *Interactions：Collaboration Skills for School Professionals*. Allyn & Bacon, 2002.

[48] Veitch J., Salmon J., Ball K. *Children's Active Free Play in Local Neighborhood：A Behavioral Mapping Study*. Health Education Research, 2008, 23(5).

# 附录 1:《教师课程领导力评价指标》

| 一级指标 | 二级指标 | 三级指标 | 评价等级标准 | | |
|---|---|---|---|---|---|
| | | | 水平等级描述 | | |
| | | | 水平 1 | 水平 3 | 水平 5 |
| K1 课程思想力 | K11 思想前瞻 | 111. 课程"以幼儿发展" | 班级课程和活动以教师为中心,缺乏以课程支持和促进和支持幼儿发展的认识和行为。 | 班级课程和活动开展根据幼儿发展一般需求和年龄特点,力求对班级大部分幼儿发展具有积极作用。 | 班级课程与各类活动以支持和促进班级每一个幼儿发展为导向,接纳和积极关注幼儿的差异,关注幼儿素养、能力、态度等长远发展。 |
| | | 112. 一日生活皆课程 | 教师关注某些规定类型和活动的落实,忽视另一些活动或一日活动中教育机会的创设与随机指导。 | 教师认识到各类活动对幼儿的发展价值,并能主动在各类活动中提供适宜的机会与指导。 | 教师完全认同一日生活皆课程,并在活动中有意识选择不同活动的价值,关注活动中幼儿的多方面发展,关注生活动的整合实施。 |
| | K12 愿景确立与认同 | 121. 课程愿景的确立与认同 | 教师对本班级课程如何与幼儿园愿景、目标建立联系,以及班级自身的课程期望缺乏设想。 | 教师有对班级幼儿的发展期望,或者对于班级如何理解幼儿园课程愿景和目标有设想,并能大致表述清楚。 | 班级拥有明确的课程期望与设想,并具体清晰,具有说服力。能被班级教师、保育员、家长,甚至幼儿理解。 |

续　表

| 一级指标 | 二级指标 | 三级指标 | 评价等级标准 | | |
|---|---|---|---|---|---|
| | | | 水平 1 | 水平 3 | 水平 5 |
| | | 122. 课程愿景认同与目标的认识 | 班级的课程愿景和目标由主班教师或者部分成员提出，其他人不参与或不理解。 | 教师知道并理解幼儿园课程目标和本班级课程目标。教师能够讲出本园或本班级的课程期望对自己实施课程的指导意义。 | 班级课程愿景与目标由教师、保育员、家长、幼儿等参与讨论共同提出，与幼儿园课程愿景和目标有密切内在关联，并表现在班级的日常实践和环境、制度、氛围中。 |
| | K13 文化现代 | 131. 课程主体的关系 | 班级课程的内容与方式等由一人为主决定处理，教师和幼儿之间的互动以落实、传递既定的内容与要求为主。 | 班级课程相关事务以领导、权威、主班教师的意见为主，其他人（包括幼儿）有时被要求参与或部分参与。 | 班级课程相关事务平等协商和民主参与，关注不同成人、家长、幼儿的感受，教师、幼儿、家长在课程选择、实施中相互尊重、平等沟通，彼此信任。 |
| | | 132. 家园合作理念与方 | 教师有选择地公布部分课程信息，为家庭提供一些教育资源，幼儿发展的信息，按规定收集家长的意见和建议。 | 教师采取适合本班的具体策略和方法，载体开展与家长进行课程和幼儿发展信息交流，尊重家长，主动听取家长意见和建议。 | 教师主动围绕每个幼儿个性化成长与家长建立积极的信息沟通，追求家园一致共同开展教育。尊重和鼓励家长对课程的参与，并形成策略与制度。 |
| K2 课程设计力 | K21 聚焦目标 | 211. 目标与措施的配合 | 教师制订的计划目标和措施，评价没有明显关联，计划由一位教师制订，缺乏讨论和共识。 | 班级计划要素齐全，内容具体，操作性强，体现目标、内容、实施、评价之间的关联性。能够听取教师、家长等的意见。 | 班级计划紧扣目标，针对问题，系统思考，体现重点与特色，便于操作和检验。班级教师、家长共同商讨制订，并有落实和检验的方式。 |
| | | 212. 重点确定与分解 | 班级计划的重点工作与本班幼儿发展目标缺乏联系。 | 班级计划的重点能能围绕本班课程目标形成明确的班级重点工作任务，有分工。 | 班级目标化为明确的班级重点工作和针对性措施、方法，并在日常课程运行中重点落实，有分工、协调，整合。 |

续表

| 一级指标 | 二级指标 | 三级指标 | 评价等级标准 | | |
|---|---|---|---|---|---|
| | | | 水平1 | 水平3 | 水平5 |
| | K22. 过程可行 | 221. 与教师能力的匹配 | 班级课程或活动的计划、过程脱离教师能力、资源，忽视实际操作。 | 班级课程和活动能考虑教师能力和实际操作性，具有现实操作性。 | 班级课程和活动的计划、过程尊重和适度挑战教师能力，激发教师主动发挥自身优势、挖掘潜能。 |
| | | 222. 教育目标转化为幼儿需求 | 教师按照成人的思路进行活动设计，忽视幼儿的主动性和参与度。 | 教师在按照和组织活动时有提高幼儿主动性的意识与行为，但是相关能力有欠缺。 | 教师创造机会诱发幼儿主动学习，动脑动手，深度参与活动，调动多感官体验和表达。 |
| | K23. 载体适宜 | 231. 经验的关联 | 班级课程与活动的经验零散、不连贯、单调，或者不符合幼儿年龄特点与兴趣。 | 班级课程与活动的经验呈现出一般的规律，能够关注到不同语境中的经验的连续，或者对幼儿有实际意义。 | 班级课程和活动有趣、有意义，具有连续性、发展性，不同活动共同达成完整经验的获得。注重幼儿个体经验的积累和扩展。 |
| | | 232. 内容与方式的选择 | 班级课程和活动的内容与实施方式被规定，不能随意更改。 | 班级课程和活动的内容与方式在给定的范围内选择。 | 班级课程主动根据课程目标、能力、条件等选择或组合，积极关照幼儿的经验获得。 |
| K3 课程执行力 | K31 实施推动 | 311. 实践的推动力度 | 教师不关注课程愿景和目标的落实，不思考活动的有效性，幼儿的差异和发展变化，忽视有效性。 | 教师能在课程愿景和课程目标的引导下，思考活动的有效性，有理解幼儿个性差异，发展变化的意识与行动，并在指导下针对性地改进。 | 班级保教人员共同在课程理念和目标的指导下，结合班级幼儿共性和个性发展需求，开展系统化的课程协作设计与实施，考察活动成效，并经常讨论改进活动。 |
| | | 312. 实践的成效 | 幼儿的活动机会和发展表现不能体现幼儿园、教师期望的目标，或者教师忽视幼儿在活动中的发展。 | 幼儿获得了一些与课程愿景、目标相一致的学习和活动机会，表现在某些领域、方面的发展上。 | 幼儿在活动中有充分的机会按照课程理念、目标的期望参与、主动活动，全面而富有个性地快乐发展。 |

续　表

| 一级指标 | 二级指标 | 三级指标 | 评价等级标准 | | |
|---|---|---|---|---|---|
| | | | 水平1 | 水平3 | 水平5 |
| | K32 专业支持 | 321. 教师专业发展计划 | 教师制订个人专业发展计划,但与幼儿园课程需要和自身课程实践水平的关系不明确,或者落实情况不确定。 | 教师按照幼儿园课程发展和实施的需要与要求,制订个人的专业发展计划,并接受幼儿园提供的学习条件和成效检测。 | 教师主动根据幼儿园课程目标与个人专业发展需求,制订个人专业发展目标,明确目标,措施和任务,寻求幼儿园的支持与帮助,并定期检测专业能力的发展成效。 |
| | | 322. 教师专业发展推动 | 教师缺乏自我学习与发展的动力,没有改进自身课程实践的意识和行动,等待安排自己的学习机会。 | 教师愿意提升自我的课程实践能力,能按照幼儿园的要求诊断自己课程实践能力发展情况,并接受幼儿园安排的带教,学习与培训等。 | 教师主动寻求幼儿园或者他人对自身课程实践能力提升的指导,培训等,积极与他人分享交流个人心得,经验和问题,寻求支持,认同与帮助。 |
| | K33 资源保障 | 331. 资源保障与开发 | 教师使用给定的权限和资源,缺乏主动保障和开发课程资源的动力,因为资源不足减少活动或者降低要求。 | 教师有一定主动尝试从人力,材料,环境等方面,会尝试,互助与合作,寻求额外支持等保障课程资源,使得班级课程顺利开展。 | 教师具有强烈的整合使用,开发园内外课程资源的意识与行动,并将时间,精力,环境和材料等有意识分配给与课程愿景与目标,幼儿发展直接相关的工作。 |
| | | 332. 环境与资源利用 | 教师没有充分利用现有的环境和材料等资源,不关心资源利用的合理性,有浪费或者闲置等现象。 | 教师根据本班课程和活动的需要,合理分析,利用现有的环境和资源,为课程实施,促进幼儿发展提供支持。 | 教师主动考察班级时间,空间,物质,人际互动等资源的配置,利用资源情况,反思和尝试调整资源使用与活动成效之间的关系,资源成本与效益的关系等。 |
| K4 课程评价力 | K41 主体参与 | 411. 多元主体的评价 | 教师习惯采用个人主观评价的方式开展评价,也不与他人分享评价信息。 | 教师有多元主体参与评价的意识,能在评价过程中主动了解课程相关主体的想法,邀请他人参与评价。 | 教师主动邀请相关的多元主体参与评价,沟通评价信息,从而对评价过程和结果进行反思。 |

续表

| 一级指标 | 二级指标 | 三级指标 | 评价等级标准 | | |
|---|---|---|---|---|---|
| | | | 水平1 | 水平3 | 水平5 |
| | | 412. 主动评价与对话 | 教师不开展评价或者被动完成参与评价的工作，不关注基于评价结果的对话。 | 教师按照幼儿园的评价规范和流程开展课程相关评价，交流评价信息。 | 教师具有评价自身课程质量的意识和行为，自觉地根据课程愿景和目标，课程实施的要求，幼儿发展开展评价，乐意主动就评价过程和结果对话，作出关于解释和吸收多角度观点。 |
| | K42 导向明确 | 421. 评价与目标的一致 | 教师开展评价缺乏依据，或者与本班、本班目标、课程实施要求相游离。 | 教师能关注课程目标与评价的一致性，有意识地围绕课程目标的达成实施评价。 | 教师有意识地将评价作为改进自身课程实践的参照体系，在课程中积极开展评价，有目的地自我诊断和改进。 |
| | | 422. 评价方法的适切性 | 教师评价方法的选择缺乏依据，或者主观设定但不符合评价的需要，影响评价结果的说服力。 | 教师根据评价的目的，有针对性地选择评价方法，让评价过程和结果具有说服力。 | 教师根据自身课程实践需要选择评价方法，注重在自然、真实的状态下开展评价，增加评价结果的客观性和可信度。 |
| | K43 改进有效 | 431. 课程主体的满意度 | 教师改进课程行为，但是不关心改进主体（尤其是幼儿和家长）的满意度。 | 教师根据评价改进自身的课程实践，了解评价者的意见和满意度。 | 教师根据评价改进自身的课程实践，持续关注相关主体，包括评价者、教师自己、幼儿与家长等人的满意度。 |
| | | 432. 课程优化机制运行 | 教师课程实践改进，与班级的课程计划的优化、幼儿发展之间相关度不高。 | 教师的课程改进对本班的课程计划优化有促进，但对幼儿园的课程实施方案优化、幼儿发展情况优化没有贡献。 | 教师的课程改进积极影响本班级的课程计划，并被幼儿园主动、系统地加以分析，用于改进幼儿园课程实施方案，更大范围作用于优化幼儿发展。 |

# 附录 2:《班本化课程实践指引》
# (冰厂田幼儿园制)

## 班本化课程实践指引(一)

亲爱的老师,在每一个班本化课程建构之前,你的思考、判断与决策将对您的班本化课程实施质量产生直接的影响。本指引将帮助您对班级情况进行全方位思考和分析,并为您的班本化课程建构提供价值参考。

| | 核心要素 | 价值 | 判断 |
|---|---|---|---|
| 幼儿 | 问题生成 | 课程内容来源于我们班幼儿的真实问题。 | ☐ 符合 ☐ 比较符合 ☐ 说不清 ☐ 不太符合 ☐ 不符合 |
| | 共同兴趣 | 课程内容符合我们班大部分孩子的共同兴趣,他们表现出继续探索的愿望。 | ☐ 符合 ☐ 比较符合 ☐ 说不清 ☐ 不太符合 ☐ 不符合 |
| | 基本经验 | 我们了解幼儿所需要的基本经验,并能在课程活动中落实的这些经验,为他们的经验提升创造机会。 | ☐ 符合 ☐ 比较符合 ☐ 说不清 ☐ 不太符合 ☐ 不符合 |
| 教师 | 专业能力 | 我们俩的专业水平可以支持孩子们进行深入的探究。 | ☐ 符合 ☐ 比较符合 ☐ 说不清 ☐ 不太符合 ☐ 不符合 |
| | 知识储备 | 我们已经通过各种途径储备了和这个课程内容有关的知识。 | ☐ 符合 ☐ 比较符合 ☐ 说不清 ☐ 不太符合 ☐ 不符合 |
| | 课程架构 | 我们已经对这个课程活动的开展有了初步的架构,并随时准备根据幼儿需要生成新的活动。 | ☐ 符合 ☐ 比较符合 ☐ 说不清 ☐ 不太符合 ☐ 不符合 |
| | 实施意志 | 我们也许会在课程进程中遇到许多困难,但是我们会共同努力,不轻言放弃。 | ☐ 符合 ☐ 比较符合 ☐ 说不清 ☐ 不太符合 ☐ 不符合 |

| 核心要素 | | 价值 | 判断 |
|---|---|---|---|
| 课程价值 | 探索机会 | 课程活动中我们可以提供足够的空间、时间、材料,让每个孩子都有自主的探索的机会。 | □符合　□比较符合　□说不清 □不太符合　□不符合 |
| | 核心素养 | 幼儿可以在课程活动中发展包括学习品质、社会性品质等多种核心素养的发展。 | □符合　□比较符合　□说不清 □不太符合　□不符合 |
| | 深入价值 | 课程具有深入探索的价值,能在一系列的课程活动中得到落实。 | □符合　□比较符合　□说不清 □不太符合　□不符合 |
| 资源 | 学校资源 | 学校可以为我们提供课程建构需要的资源,包括专业学习、物质材料、制度保障等。 | □符合　□比较符合　□说不清 □不太符合　□不符合 |
| | 家园关系 | 我们的家园关系融洽,课程活动可以得到家长的支持和配合。 | □符合　□比较符合　□说不清 □不太符合　□不符合 |
| | 家长资源 | 家长可以为我们提供课程所需的资源,包括物质材料,家长老师,家庭活动开展等。 | □符合　□比较符合　□说不清 □不太符合　□不符合 |
| | 社区资源 | 社区中有我们所需的资源,并能为我们所用。 | □符合　□比较符合　□说不清 □不太符合　□不符合 |
| | 其他资源 | 我们还有其他可利用的资源来支持课程活动的开展。 | □符合　□比较符合　□说不清 □不太符合　□不符合 |
| 团队 | 教育理念 | 课程内容符合我们共同的教育理念。 | □符合　□比较符合　□说不清 □不太符合　□不符合 |
| | 共同兴趣 | 课程内容是我们两位老师都感兴趣的。 | □符合　□比较符合　□说不清 □不太符合　□不符合 |
| | 教师关系 | 两位老师包括生活老师都能默契合作,共同努力。 | □符合　□比较符合　□说不清 □不太符合　□不符合 |

## 冰厂田幼儿园班本化课程实践指引(二)

亲爱的老师,在每一个班本化课程实践过程中,你可能进行顺利也可能面临问题,对自己课程实施来一次反思可以帮助你更好理解儿童、优化和推进课程,也可能为你带来解决问题的指引。

| 核心要素 | | 价值 | 判断 |
|---|---|---|---|
| 幼儿 | 兴趣保持 | 大部分幼儿始终对课程内容保持进一步的探究兴趣。 | □符合　□比较符合　□说不清 □不太符合　□不符合 |

| 核心要素 | | 价值 | 判断 |
|---|---|---|---|
| | 问题生成 | 班级幼儿对于课程能够不断产生新的想法、问题，并愿意和老师、同伴等共同分享与探索。 | ☐ 符合　☐ 比较符合　☐ 说不清<br>☐ 不太符合　☐ 不符合 |
| | 主动探究 | 班级幼儿都积极投入到课程的探究过程中，表现出了主动学习的状态。 | ☐ 符合　☐ 比较符合　☐ 说不清<br>☐ 不太符合　☐ 不符合 |
| | 积极情绪 | 幼儿在课程活动开展的过程中经常表现出好奇、愉悦、自信等积极的情绪状态。 | ☐ 符合　☐ 比较符合　☐ 说不清<br>☐ 不太符合　☐ 不符合 |
| 教师 | 关注幼儿 | 教师在课程活动中始终坚持观察幼儿、记录并分析幼儿的行为表现，并以此作为课程优化的依据。 | ☐ 符合　☐ 比较符合　☐ 说不清<br>☐ 不太符合　☐ 不符合 |
| | 配合默契 | 班级中的三位老师为课程的实施各展所长、群策群力，并默契配合。 | ☐ 符合　☐ 比较符合　☐ 说不清<br>☐ 不太符合　☐ 不符合 |
| | 实施意志 | 教师在课程推进的过程中遇到问题能够深入分析原因，并积极寻求解决的途径。 | ☐ 符合　☐ 比较符合　☐ 说不清<br>☐ 不太符合　☐ 不符合 |
| | 主动学习 | 通过各种学习途径拓展与课程相关的知识，以支持幼儿的持续探究和课程的推进。 | ☐ 符合　☐ 比较符合　☐ 说不清<br>☐ 不太符合　☐ 不符合 |
| 课程价值 | 领域平衡 | 课程活动能够体现各领域的平衡和整合。 | ☐ 符合　☐ 比较符合　☐ 说不清<br>☐ 不太符合　☐ 不符合 |
| | 一日生活 | 课程内容能够渗透在一日活动之中。 | ☐ 符合　☐ 比较符合　☐ 说不清<br>☐ 不太符合　☐ 不符合 |
| | 活动生成 | 能够根据幼儿的兴趣、发展需求灵活生成设计各类活动。 | ☐ 符合　☐ 比较符合　☐ 说不清<br>☐ 不太符合　☐ 不符合 |
| | 目标匹配 | 课程的设计、实施始终围绕课程目标，为目标的达成而服务。 | ☐ 符合　☐ 比较符合　☐ 说不清<br>☐ 不太符合　☐ 不符合 |
| | 机会均等 | 课程活动能够关注到幼儿间的发展差异，为幼儿提供个别化的探索与学习机会。 | |
| 资源 | 资源挖掘 | 教师能够有意识地根据课程需要挖掘各类课程资源。 | ☐ 符合　☐ 比较符合　☐ 说不清<br>☐ 不太符合　☐ 不符合 |
| | 资源分析 | 教师能够对课程中所涉及的各类资源的价值及适宜性等进行综合分析。 | ☐ 符合　☐ 比较符合　☐ 说不清<br>☐ 不太符合　☐ 不符合 |

| 核心要素 | 价值 | 判断 |
|---|---|---|
| 资源规划 | 教师能够根据课程开展的需要对课程资源的实际运用进行合理规划。 | □符合　□比较符合　□说不清<br>□不太符合　□不符合 |
| 共同参与 | 教师能够在课程开展的过程中主动邀请同伴、家长、社区等多方人员的共同参与。 | □符合　□比较符合　□说不清<br>□不太符合　□不符合 |
| 团队　寻求支持 | 教师能够主动在团队中分享自己的经验和问题，并寻求团队的支持。 | □符合　□比较符合　□说不清<br>□不太符合　□不符合 |
| 提供帮助 | 教师能为同伴的课程设计、实施等提出有价值的建议和力所能及的帮助。 | □符合　□比较符合　□说不清<br>□不太符合　□不符合 |

### 冰厂田幼儿园班本化课程实践指引（三）

　　亲爱的老师，在一个班本化课程内容实践暂告段落的时候，回顾实践历程，对自己、孩子、班级的成长开展反思评价不但是对过去课程实践的总结，更是给未来更好地为幼儿实践有效的课程的基础。本指引将帮助你更全面地看到过程中的成长和积累。

| 核心要素 | 价值 | 判断 |
|---|---|---|
| 积极体验 | 大部分幼儿在课程活动中能够始终保持积极的情绪体验，并主动地投入活动之中。 | □符合　□比较符合　□说不清<br>□不太符合　□不符合 |
| 素质发展 | 幼儿在课程活动中获得了包括学习品质、社会性品质、情绪品质等在内的多方素养的发展。 | □符合　□比较符合　□说不清<br>□不太符合　□不符合 |
| 幼儿　经验积累 | 幼儿在课程活动中获得了与课程目标相匹配的认知经验的积累。 | □符合　□比较符合　□说不清<br>□不太符合　□不符合 |
| 持续兴趣 | 幼儿对课程活动的开展表现出了持续探究的欲望，并不断生成新的课程兴趣点、探究点。 | □符合　□比较符合　□说不清<br>□不太符合　□不符合 |
| 教师　积极体验 | 教师在课程活动开展的过程中获得了愉悦感、幸福感等的积极情绪体验。 | □符合　□比较符合　□说不清<br>□不太符合　□不符合 |

| 核心要素 | | 价值 | 判断 |
|---|---|---|---|
| | 主动意识 | 教师在课程活动中始终表现出课程实践的主动性,例如主动地建构课程、遇到问题主动寻求解决途径等。 | ☐符合　☐比较符合　☐说不清　☐不太符合　☐不符合 |
| | 知识积累 | 教师通过多方途径丰富了自身关于课程内容的认知,有效地支持了课程活动的开展。 | ☐符合　☐比较符合　☐说不清　☐不太符合　☐不符合 |
| | 专业发展 | 在课程活动开展的过程中,教师获得了课程设计、实施与评价力的多方发展。 | ☐符合　☐比较符合　☐说不清　☐不太符合　☐不符合 |
| 课程价值 | 目标达成 | 课程目标基本达成,班级幼儿的发展成效显著。 | ☐符合　☐比较符合　☐说不清　☐不太符合　☐不符合 |
| | 形式多样 | 课程实施中综合运用了包括社会实践、亲自合作等多样化的形式。 | ☐符合　☐比较符合　☐说不清　☐不太符合　☐不符合 |
| | 探索为先 | 课程的实施始终以幼儿体验为导向,并为幼儿自主探索、建构经验提供了充足的机会。 | ☐符合　☐比较符合　☐说不清　☐不太符合　☐不符合 |
| | 架构系统 | 课程的架构注重课程活动之间的联系性、递进性和逻辑性,形成了系统的课程体系。 | ☐符合　☐比较符合　☐说不清　☐不太符合　☐不符合 |
| 资源 | 多方合作 | 在课程实施的过程中有同伴、家长、社区等多方人员的共同参与。 | ☐符合　☐比较符合　☐说不清　☐不太符合　☐不符合 |
| | 多元整合 | 在课程实施的过程中整合运用了多种课程资源。 | ☐符合　☐比较符合　☐说不清　☐不太符合　☐不符合 |
| | 有效运用 | 课程资源的运用对课程的设计和实施等多方面产生了实际效果。 | ☐符合　☐比较符合　☐说不清　☐不太符合　☐不符合 |
| 团队 | 多元评价 | 课程评价中注重包括幼儿、家长、同伴、学校乃至社区等多方的共同参与。 | ☐符合　☐比较符合　☐说不清　☐不太符合　☐不符合 |
| | 经验辐射 | 课程实践经验能够在各类平台中得到分享,并对他人有借鉴意义。 | ☐符合　☐比较符合　☐说不清　☐不太符合　☐不符合 |
| | 产生影响 | 课程实践能对幼儿、家长乃至学校课程文化产生一定的影响。 | ☐符合　☐比较符合　☐说不清　☐不太符合　☐不符合 |